Birte Stratmann/Nicole Weber

Lernwerkstatt Weihnachten

Fächerübergreifende Kopiervorlagen 3./4. Klasse

Die Autorinnen

Birte Stratmann studierte Lehramt für Deutsch, Religion und Kunst und arbeitet als Grundschullehrerin in Niedersachsen.

Nicole Weber studierte Lehramt für Deutsch, Religion und Sachkunde und arbeitet ebenfalls als Grundschullehrerin in Niedersachsen.

Beide Autorinnen veröffentlichten bereits erfolgreich einige Werke zum Unterricht in der Grundschule.

5. Auflage 2021
© 2011 PERSEN Verlag, Hamburg

AAP Lehrerwelt GmbH
Veritaskai 3
21079 Hamburg
Telefon: +49 (0) 40325083-040
E-Mail: info@lehrerwelt.de
Geschäftsführung: Christian Glaser
USt-ID: DE 173 77 61 42
Register: AG Hamburg HRB/126335
Alle Rechte vorbehalten.

Das Werk als Ganzes sowie in seinen Teilen unterliegt dem deutschen Urheberrecht. Der Erwerber einer Einzellizenz des Werkes ist berechtigt, das Werk als Ganzes oder in seinen Teilen für den eigenen Gebrauch und den Einsatz im eigenen Präsenz- wie auch dem Distanzunterricht zu nutzen.
Produkte, die aufgrund ihres Bestimmungszweckes zur Vervielfältigung und Weitergabe zu Unterrichtszwecken gedacht sind (insbesondere Kopiervorlagen und Arbeitsblätter) dürfen zu Unterrichtszwecken vervielfältigt und weitergeben werden.

Die Nutzung ist nur für den genannten Zweck gestattet, nicht jedoch für einen schulweiten Einsatz und Gebrauch, für die Weiterleitung an Dritte einschließlich weiterer Lehrkräfte, für die Veröffentlichung im Internet oder in (Schul-)Intranets oder einen weiteren kommerziellen Gebrauchs.
Mit dem Kauf einer Schullizenz ist die Schule berechtigt, die Inhalte durch alle Lehrkräfte des Kollegiums der erwerbenden Schule, sowie durch die SchülerInnen und Schüler der Schule und deren Eltern zu nutzen.

Nicht erlaubt ist die Weiterleitung der Inhalte an Lehrkräfte, Schülerinnen und Schüler, Eltern, andere Personen, soziale Netzwerke, Downloaddienste oder ähnliches außerhalb der eigenen Schule.
Eine über den genannten Zweck hinausgehende Nutzung bedarf in jedem Fall der vorherigen schriftlichen Zustimmung des Verlags.
Sind Internetadressen in diesem Werk angegeben, wurden diese vom Verlag sorgfältig geprüft. Da wir auf die externen Seiten weder inhaltliche noch gestalterische Einflussmöglichkeiten haben, können wir nicht garantieren, dass die Inhalte zu einem späteren Zeitpunkt noch dieselben sind wie zum Zeitpunkt der Drucklegung. Der PERSEN Verlag übernimmt deshalb keine Gewähr für die Aktualität und den Inhalt dieser Internetseiten oder solcher, die mit ihnen verlinkt sind, und schließt jegliche Haftung aus.

Wir verwenden in unseren Werken eine genderneutrale Sprache. Wenn keine neutrale Formulierung möglich ist, nennen wir die weibliche und die männliche Form. In Fällen, in denen wir auf Grund einer besseren Lesbarkeit nur ein Geschlecht nennen können, achten wir darauf den unterschiedlichen Geschlechtsidentitäten gleichermaßen gerecht zu werden.

AutorIn:	Birte Stratmann, Nicole Weber
Covergestaltung:	TSA&B Werbeagentur GmbH, Hamburg
Illustrationen:	Barbara Gerth
Satz:	Satzpunkt Ursula Ewert GmbH, Bayreuth
Druck und Bindung:	Esser printSolutions GmbH, Bretten

ISBN: 978-3-8344-0162-5
www.persen.de

Inhalt

Einführung 5
Hinweise zum Umgang mit dem Material 5

Deutsch

Gedankenschwarm zum Thema „Weihnachten" 6
Weihnachtsgeschichten mit Aufgaben zum Textverständnis 7
 • Herzenssache 7
 • Päckchen packen 11
 • Weihnachtswichteln 14
Fortsetzungsgeschichte 17
Wunschzettel schreiben 19
Bildergeschichten 20
Weihnachtspost 21
Einladung zur Weihnachtsfeier ... 22
Englische Weihnachtspost übersetzen 23
Mit Weihnachtsgedichten umgehen ... 24
 • Weihnachten 24
 • Ladislaus und Annabella 25
Ein Wachsgedicht 28
Ein Gedicht pantomimisch darstellen .. 29
Wortarten – Puzzle 30
Zusammengesetzte Nomen 32
Personenbeschreibungen 33
Kreatives Schreiben 36

Mathematik

Planquadrate-Orientierung 37
Weihnachtsgeschenke im Internet kaufen 38
Sterne spiegeln 39
Knobelaufgaben für kluge Köpfe 40
Einen Stern falten 42
Mit Rezeptzutaten rechnen 43
Weihnachtsrekorde: Maßeinheiten ... 44

Sachunterricht

Das Rentier 46
Weihnachtsspezialitäten in Deutschland 50
Weihnachtsspezialitäten-Spiel ... 55

Religion

Der Heilige Nikolaus (Leporello) ... 61
In der Bibel nachschlagen: Die Weihnachtsgeschichte 67
Die Heiligen Drei Könige – Dreikönigssingen 74
Geschenke: Pro und contra 77
 • Die Weihnachtsüberraschung ... 77
 • Geschenke: Pro und contra (Diskussion) 82

 **Musik**

„Ihr Kinderlein kommet" –
Boomwhackers 83

Klanggeschichte 86

 **Weihnachtsfeiern und Gottesdienste**

Krippenspiel: Kommt, wir gehen mit
nach Bethlehem 98

Weihnachtsfeier: Weihnachtsmarkt in der Schule 103

Ablauf eines Gottesdienstes:
Die Heiligen Drei Könige 104

Kunst/Werken/Textil

Ein Maldiktat 87

Weihnachtsbaumkugeln 90

Ein Weihnachtsengel aus
Pappmaché 91

Ein Schneemann-Gesicht 92

Weihnachtswürfel mit Weihnachtswünschen 93

 **Zusatzaufgaben**

Weihnachtssuchsel 109

Weihnachtsrätsel 111

Adventsstunde

Weihnachtsgeschichten 94

• Weihnachten mit Familie Maus 94

• Weihnachtspäckchen auf
  der Landstraße 96

Einführung

Noch ein oder zwei Mal werden Ihre Schülerinnen und Schüler die Chance haben, eine Adventszeit in der Grundschule zu genießen. Sie erleben in einer ihnen vertrauten Gemeinschaft Adventsstunden, lernen Weihnachtslieder, Gedichte oder religiöse Traditionen kennen, welche möglicherweise in den Familien in dieser Form nicht mehr weitergegeben werden.

Wir finden sie kostbar, diese wunderbar aufregenden Wochen vor Weihnachten. Wenn Sie diese Zeit nicht mehr wunderbar aufregend, sondern nur noch aufregend im Sinne von stressig erleben, dann geht der Adventszeit etwas Wesentliches verloren. Wir möchten mit diesem Buch dazu beitragen, dass Sie den Advent mit Ihren Schülerinnen und Schülern genießen können und hoffen, dass unser Material, welches für alle Fächer (außer Sport) etwas anbietet, Ihnen hilft, den Unterricht schnell vorzubereiten und abwechslungsreich zu gestalten.

Hinweise zum Umgang mit dem Material

Wie in der Lernwerkstatt Weihnachten für die Klassen 1 und 2, ist auch die Lernwerkstatt Weihnachten für die Klassen 3 und 4 so aufgebaut, dass Sie das Material zum großen Teil in der Klasse auslegen können, um in Form einer „Lerntheke" den Schülern eine freiere Arbeitsform anzubieten.
Besonders die Arbeitsblätter in den Hauptfächern sind so konzipiert, dass sich die Schülerinnen und Schüler die Aufgaben selbstständig erarbeiten können. In den Fächern Kunst, Werken und Textil sind zum Teil Materialien nötig, die von der Lehrkraft zuvor bereitgestellt werden müssen.
Während die Schüler und Schülerinnen im Musikunterricht die Klanggeschichte selbstständig erarbeiten könnten, ist es bei der Liedbegleitung mit Boomwhackers notwendig, dass die Lehrkraft die Schüler in der Übungsphase unterstützt.
Die Vorschläge für den Religions- und Sachunterricht sind teils mit, teils ohne Lehrerbegleitung zu erarbeiten.

Wenn der Platz zum Schreiben auf dem Arbeitsblatt nicht ausreicht, kann die Rückseite, ein Zettel oder das Heft verwendet werden.

Die Ergebnisse der Weihnachtswerkstatt können in einem Weihnachtsheft gesammelt werden, dessen Vorderseite im Kunstunterricht individuell gestaltet werden kann.
Es ist jedoch auch möglich, einzelne Materialien fachspezifisch einzusetzen und als Arbeitsblatt in die entsprechenden Mappen abzuheften.

Gedankenschwarm zum Thema „Weihnachten"

Arbeitsauftrag

- Was fällt dir ein, wenn du an Weihnachten denkst? Schreibe das Wort „Weihnachten" in die Mitte eines leeren Blattes.
Um dieses Wort herum schreibst du nun alles auf, was dir zum Thema „Weihnachten" einfällt.

- Wenn du möchtest, kannst du dir aus deinem Gedankenschwarm eine Geschichte ausdenken und sie aufschreiben.

Weihnachtsgeschichten mit Aufgaben zum Textverständnis

Arbeitsauftrag

- Lies dir zuerst die Geschichte durch.
- Beantworte anschließend die Fragen zur Geschichte.
- Kontrolliere mit der Lösung.

Herzenssache

Es hatte geschneit. Mama hatte bereits die Kisten mit der Adventsdekoration vom Boden geholt, und ich war zum ersten Mal bei der Probe für das Krippenspiel gewesen. In diesem Jahr durfte ich den Weihnachtsengel spielen. Ich mochte diese wunderbare Zeit vor Weihnachten besonders gern. Morgen würden wir die Adventskränze binden, und ich durfte meinen Wunschzettel schreiben. Während ich den Spielzeugkatalog durchblätterte, klingelte es an der Tür. Mama öffnete und Frau Janssen, Lisas Mutter, kam herein. Lisa war meine Freundin, deshalb rannte ich nach unten, denn wenn ihre Mutter zu uns kam, war Lisa auch dabei. Aber ich hatte mich geirrt. Sie war nicht da und Frau Janssen sah merkwürdig aus. Hatte sie geweint? Mama führte sie in das Wohnzimmer und bot ihr eine Tasse Tee an. Irgendetwas stimmte nicht. Das konnte ich erkennen und ehe ich fragen konnte, warum Lisa nicht mitgekommen war, schickte Mama mich auf mein Zimmer. Plötzlich fiel mir ein, dass sie heute auch nicht bei der Probe für das Krippenspiel gewesen war. Die beiden Frauen redeten eine Weile. Als Frau Janssen ging, nahm Mama sie ganz fest in den Arm und ich konnte sehen, dass nun beide Tränen in den Augen hatten. Ich rannte die Treppe hinunter. Mama holte sich ein Taschentuch, setzte sich auf das Sofa und zog mich dann auf ihren Schoß. Dann sagte sie leise: „Lisa ist sehr krank. Sie ist heute zusammengebrochen und liegt nun im Krankenhaus. Sie hat einen Herzfehler und muss so schnell wie möglich operiert werden. Es ist eine schwere Operation und wir können nur hoffen, dass alles gut geht." Jetzt musste ich auch weinen. Nun wusste ich, warum Lisa heute nicht bei der Probe war und warum sie in der letzten Zeit immer so schnell schlapp war. Es tat mir plötzlich so leid, dass ich sie ausgelacht hatte, als sie im Sportunterricht die Letzte beim Wettrennen war. Ich wollte wissen, wie lange sie im Krankenhaus bleiben musste, und Mama sagte, dass Lisa vielleicht sogar über Weihnachten im Krankenhaus bleiben müsste. Das war zu viel für mich. Ich vergrub mich in Mamas Arm und fing

laut an zu schluchzen. Die schöne Adventszeit zu verpassen war schon schlimm genug, aber Weihnachten nicht zu Hause zu sein, das ging gar nicht. Plötzlich war mir mein Spielzeugkatalog egal. Ich wollte nur, dass Lisa wieder gesund wird.

Diese Adventszeit verlief ganz anders als sonst. Natürlich musste ich in die Schule, aber dort war der Platz neben mir frei. Das war so traurig. Unsere Lehrerin erzählte von Lisa, und wir schrieben ihr Briefe, die ich ihr bringen sollte, sobald ich sie im Krankenhaus besuchen durfte. Am Tag der Operation war ich so unruhig. Dann hatte Mama eine Idee. „Komm", sagte sie, „wir backen Plätzchen für Lisa." Ich schnappte mir die Herz-Ausstechform und stach ein Herzchen nach dem anderen aus. Ich wollte Lisa so viele Herzen wie möglich machen. Irgendwie hatte ich mir plötzlich eingeredet, dass ich damit etwas für sie tun könnte. Als die Plätzchen aus dem Ofen kamen, dekorierte ich jedes Herz besonders schön.

Am Abend rief Frau Janssen an und sagte uns, dass Lisa die Operation recht gut überstanden hat. Wir waren alle so froh.

Trotzdem kam Lisa nicht wieder in die Schule. Sie musste erst langsam wieder gesund werden. Ich trabte regelmäßig zu den Proben für das Krippenspiel, aber Lisa fehlte mir so sehr. Mit ihr war schon der Weg zur Kirche viel schöner. Im letzten Jahr hatten wir uns auf dem Hinweg immer unseren Text vorgesagt. Jetzt sprach ich mit mir selbst. Auf dem Rückweg konnten wir nicht gemeinsam lachen. Ich hätte Lisa so gerne gleich erzählt, wie lustig es aussah, als ein Kind, das ein Schaf spielte, über sein Schaffell stolperte und eine Art Dominoeffekt bei den restlichen Schafen auslöste, sodass alle „unsere Schafe" ruck, zuck auf dem Boden lagen.

Aber bei der Aufführung zu Weihnachten ging alles glatt. Gleich musste ich in Mamas weißem Nachthemd auf die Bühne und meinen Text sagen. Ich drängelte mich an den Hirten vorbei. Von hier hatte ich einen guten Überblick über die ganze Kirche. Ich sah Mama und Papa, drei Reihen vor meinen Eltern saßen unsere Nachbarn. Auf der anderen Seite konnte ich Tante Inge finden. Jetzt war ich an der Reihe. Während mein Blick noch durch die Bankreihen wanderte, sprach ich laut und deutlich: „Fürchtet euch nicht! Siehe, ich bringe euch eine große Freude." Da rutschte mir plötzlich heraus: „LISA IST WIEDER DA!" Mitten in meinem Text hatte ich Lisa entdeckt. Sie saß mit ihren Eltern in der letzten Reihe. Alle drehten sich zu ihr um, und wir winkten ihr von vorn zu. Erst nach einer guten Weile fing ich noch einmal an. Dieses Mal brachte ich den Text richtig zu Ende. „Fürchtet euch nicht! Siehe, ich verkünde euch große Freude." Dabei guckte ich Lisa an, und wir lächelten uns beide zu. „Euch ist heute der Heiland geboren ..." Ich glaube, es war mein schönstes Weihnachtsfest. Lisa hatte die schwere Operation überstanden. Gott sei Dank! Und als die Orgel „Oh du fröhliche" anstimmte, sang ich so laut ich konnte mit.

Birte Stratmann

Fragen zum Text: Herzenssache

1. Mit welcher Nachricht kommt Frau Janssen zur Mutter der Ich-Erzählerin?
2. Was hat Lisa?
3. Wo wird sie behandelt?
4. Welche Rolle darf die Ich-Erzählerin beim Krippenspiel spielen?
5. Was macht die Ich-Erzählerin am Tag der Operation mit ihrer Mutter?
6. Was berichtet Frau Janssen nach der Operation am Telefon?
7. Die Ich-Erzählerin hat einen Text beim Krippenspiel vorzutragen. Welchen Satz sagt sie, der nicht dazugehört?
8. Was machen die Kinder der Krippenspielgruppe, als sie Lisa entdeckt haben?
9. Welches Lied singt die Ich-Erzählerin am Ende des Gottesdienstes besonders laut mit?
10. Was ist für dich in der Adventszeit besonders wichtig?
11. Wen würdest du besonders vermissen, wenn er/sie in der Weihnachtszeit nicht bei dir wäre?
12. Warum würdest du diese Person besonders vermissen?

Antworten zum Text: Herzenssache

1. Mit welcher Nachricht kommt Frau Janssen zur Familie der Ich-Erzählerin?
   Ihre Tochter ist zusammengebrochen.

2. Was hat Lisa?
   Lisa hat einen Herzfehler.

3. Wo wird sie behandelt?
   Sie wird im Krankenhaus behandelt.

4. Welche Rolle darf die Ich-Erzählerin beim Krippenspiel spielen?
   Sie darf den Weihnachtsengel spielen.

5. Was macht die Ich-Erzählerin am Tag der Operation mit ihrer Mutter?
   Sie backt mit ihrer Mutter Herz-Kekse.

6. Was berichtet Frau Janssen nach der Operation am Telefon?
   Frau Janssen berichtet, dass die Operation gut verlaufen ist.

7. Die Ich-Erzählerin hat einen Text beim Krippenspiel vorzutragen. Welchen Satz sagt sie, der nicht dazugehört?
   „Lisa ist wieder da!"

8. Was machen die Kinder der Krippenspielgruppe, als sie Lisa entdeckt haben?
   Sie winken Lisa zu.

9. Welches Lied singt die Ich-Erzählerin am Ende des Gottesdienstes besonders laut mit?
   „Oh du fröhliche"

Päckchen packen

Es muss Ende Oktober gewesen sein, als Frau Schütte, unsere Lehrerin, mit ihrer Idee herausrückte. Ich hörte gar nicht so genau zu, weil ich gerade versuchte, meinen nagelneuen Radiergummi unauffällig wiederzubekommen. Tim hatte ihn gemopst und grinste über das ganze Gesicht. „Warte nur", dachte ich. Da hörte ich Frau Schütte von Weihnachten sprechen. „Bisschen früh", dachte ich. Dann wurde die Sache doch interessant. Ich beschloss, erst einmal zuzuhören und mich anschließend um meinen Radiergummi zu kümmern. Sie berichtete von Kindern, die Weihnachten keine Päckchen auspacken könnten, weil ihre Eltern kein Geld für Geschenke hätten. Einige hätten nicht einmal eine Matratze zum Schlafen, sie würden in Hütten ohne Heizung wohnen und nicht selten müssten die Kinder hungrig ins Bett gehen. Es gäbe nun die Möglichkeit, diesen Kindern ein Weihnachtspäckchen zukommen zu lassen.

Wir könnten mit der ganzen Klasse Päckchen packen oder in Kleingruppen Geschenke sammeln und später in Schuhkartons verpacken. Dann klingelte es und wir gingen in die Pause. „Kannst du dir vorstellen, wie das wäre, wenn du Weihnachten keine Geschenke bekommen würdest?", fragte ich Paul. Paul biss in sein Pausenbrot und schüttelte den Kopf. „Kannst du dir vorstellen, wie das wäre, wenn du abends hungrig ins Bett gehen müsstest?", fragte mich Paul. Da schüttelte ich den Kopf. Wir unterhielten uns die ganze Pause über das, was uns Frau Schütte gerade erzählt hatte. Als die nächste Stunde begann, war sich die ganze Klasse einig: Wir wollten für diese Kinder Päckchen packen. Gemeinsam sammelten wir Ideen, wie wir Geld für die Geschenke organisieren könnten. Eine Gruppe wollte zum Elternsprechtag Waffeln backen. Eine Mädchengruppe wollte in der Stadt Flöte spielen. Tim sagte, dass seine Mutter in einem Altersheim arbeiten würde. Er glaubte, dass sich die alten Leute immer über Besuch freuen würden. „Wir könnten ihnen Geschichten vorlesen und von unserer Idee erzählen. Vielleicht geben sie uns dann auch etwas dazu." Viele gute Ideen wurden zusammengetragen. Frau Schütte berichtete, dass unsere Päckchen bis Mitte November fertig sein sollten, damit sie pünktlich zu Weihnachten bei den Kindern sein würden. „Na, dann müssen wir uns ja sputen", dachte ich und verabredete mich gleich an diesem Nachmittag mit Tim, um die Sache mit dem Besuch im Altersheim klarzumachen. In den nächsten Wochen hatten wir alle viel zu tun. Im Kunstunterricht beklebten wir die Schuhkartons mit Weihnachtspapier, wir bastelten Weihnachtskarten und schrieben liebe Grüße darauf. Es machte richtig Spaß, Weihnachtsmann zu spielen.
Schließlich hatten wir knapp 20 Euro zusammen, die wir für Geschenke ausgeben konnten. Wir gingen gemeinsam in die Stadt. Was sollten wir kaufen? „Komm, wir kaufen einen Nintendo." „Quatsch, der ist viel zu teuer und was machen sie mit dem Ding, wenn die Batterien leer sind?" Es war nicht so einfach, sich auf etwas zu einigen. Zum Schluss hatten wir einige

kleine Geschenke gefunden. Jeder guckte noch einmal zu Hause nach, ob wir nicht noch gutes gebrauchtes Spielzeug finden konnten. Mama gab mir auch noch eine Mütze und Handschuhe. Tim hatte an Süßigkeiten gedacht. Wir waren uns einig, dass wir uns über dieses Päckchen auch gefreut hätten. Bevor wir das bunte Band um unser Paket wickelten, steckte ich noch den Radiergummi, den Tim mir stibitzt hatte, dazu.

Als ich an diesem Weihnachtsfest meine Geschenke auspackte, musste ich an das Kind denken, das vielleicht auch gerade in dieser Minute sein erstes Weihnachtsgeschenk auspackte und glücklich war.

Birte Stratmann

Fragen zum Text: Päckchen packen

Schreibe die Antworten auf ein Blatt.

1. Welche Aktion möchte die Lehrerin mit ihrer Klasse in diesem Jahr zu Weihnachten unterstützen?
2. Ist die Klasse mit der Idee der Lehrerin einverstanden?
3. Wie wollen die Kinder das Geld für die Geschenke sammeln? Schreibe die Ideen auf.
4. Was bereiten die Schüler im Unterricht für die „Päckchenpack-Aktion" vor?
5. Wie viel Geld sammelt die Jungengruppe vom Ich-Erzähler?
6. Was legen die Jungen in ihr Päckchen?

Antworten zum Text: Päckchen packen

1. Welche Aktion möchte die Lehrerin mit ihrer Klasse in diesem Jahr zu Weihnachten unterstützen?

    Die Schüler sollen für arme Kinder Päckchen packen.

2. Ist die Klasse mit der Idee der Lehrerin einverstanden?

    Ja, die Schülerinnen und Schüler wollen alle mitmachen.

3. Wie wollen die Kinder das Geld für die Geschenke sammeln?

    Sie wollen beim Elternsprechtag Waffeln verkaufen, eine Mädchengruppe will in der Stadt Flöte spielen. Eine Jungengruppe will im Altersheim den älteren Menschen Geschichten vorlesen.

3. Was bereiten die Schüler im Unterricht für die „Päckchenpack-Aktion" vor?

    Die Schüler bekleben im Kunstunterricht Schuhkartons mit Weihnachtspapier, basteln Weihnachtskarten und schreiben Grüße auf die Karten.

4. Wie viel Geld sammelt die Jungengruppe vom Ich-Erzähler?

    Die Jungengruppe sammelt knapp 20 €.

5. Was legen die Jungen in ihr Päckchen?

    Sie legen einige kleine Geschenke, eine Mütze, Handschuhe, Süßigkeiten und einen Radiergummi in ihr Päckchen.

Weihnachtswichteln

Ole war von Anfang an dagegen gewesen. Wichteln, so ein Blödsinn. Kinderkram. Leider wurde er überstimmt. Die Mädchen aus seiner Klasse hatten ihre Idee durchgesetzt. Nun schrieb jeder seinen Namen auf einen Zettel und legte diesen in einen Stoffbeutel. Anschließend zog jeder einen Zettel und musste diesem Kind ein kleines Päckchen packen. Widerwillig hatte Ole seinen Namen auf den kleinen Zettel geschrieben. Womöglich traf ihn das Schicksal so hart, dass er für ein Mädchen ein Geschenk kaufen musste – er konnte Mädchen nun einmal schlicht und einfach nicht ausstehen.

Ole wühlte lange mit der Hand im Beutel herum, bis er sich für einen Zettel entschied, ihn heimlich aufklappte und entsetzt feststellen musste, dass er Emma gezogen hatte. Nun konnte er nur hoffen, dass diese Aktion wirklich heimlich vonstatten ging. Lasse würde sich totlachen, wenn er erfahren würde, dass Ole Emma ein Geschenk machen müsste. Ausgerechnet Emma! Er würde schweigen wie ein Grab. Keiner würde von ihm erfahren, wen er gezogen hatte, so viel war sicher.

Missmutig trabte Ole nach Hause. Er knallte Mama den Zettel auf den Küchentisch und übergab ihr die tolle Aufgabe, ein Geschenk für Emma zu kaufen.

Mama war schnell. Sie brachte vom Einkaufen gleich etwas für Emma mit. Es war eine rosarote Schneekugel, mit der man Stifte anspitzen konnte. Sobald der Stift im Anspitzer gedreht wurde, tanzte eine kleine Fee im Schnee. „Kitschig. Saublöd!", sagte Ole knapp, als Mama ihm das Geschenk zeigte. Dann verschwand er in seinem Zimmer. Hoffentlich ging dieser Quatsch schnell über die Bühne. Die Freude auf die Weihnachtsfeier in der Schule war Ole längst verhagelt.

In den nächsten Tagen gab es nur noch ein Thema in der Klasse. Jeder wollte herausbekommen, wer wen beschenken musste. Ole sagte nichts, nahm nur mit Bestürzung zur Kenntnis, dass einige einfach nicht dichthalten konnten.

Mama packte Ole das Geschenk für Emma liebevoll in rosa Sternchenpapier ein und wickelte noch eine weiße Schleife um das Päckchen. Dann wollte sie doch glatt, dass Ole „Fröhliche Weihnachten für Emma" auf ein Kärtchen schreiben sollte. Nein, ausgeschlossen, womöglich würde man ihn anhand der Schrift überführen. Das musste Mama schon erledigen.

Am Tag der Weihnachtsfeier marschierte Ole mit seinem Geschenk zur Schule. Draußen vor der Klassenzimmertür stand der große Korb, in dem alle Päckchen gesammelt wurden. Jeder, der kam, legte sein Geschenk dort hinein. Ole bummelte so lange, bis ihn keiner beobachten konnte und legte Emmas Paket mitsamt der kleinen Plastiktüte, die er für den Transport benötigt hatte, in den Korb.

Jeder bekam ein Päckchen. Ole war mit seinem Geschenk recht zufrieden. Er hatte von seiner Lieblingsfußballmannschaft einen Bleistift und einen Radiergummi bekommen. Aus den Augenwinkeln beobachtete er Emma, als sie sein Geschenk auspackte. Emma war entzückt. Zusammen mit den anderen Mädchen bewunderten sie diese wunderschöne Schneekugel. „Donnerwetter", dachte Ole, „die freut sich ja richtig".

In den Tagen nach der Weihnachtsfeier war Emmas Geschenk der Hit. Emma hielt die Kugel wie einen Schatz in den Händen und strahlte. Nie hätte Ole gedacht, dass man sich derart über so etwas freuen könnte. Und plötzlich war er fast geneigt, ihr zu verraten, dass er ihr die Kugel geschenkt hatte.

Am letzten Schultag vor Weihnachten wurden viele Kinder von ihren Eltern mit dem Auto abgeholt. Oles Mutter musste arbeiten und so fuhr er wie immer mit dem Bus nach Hause. Das letzte Stück lief er dann zu Fuß. Der Zufall wollte es, dass Emma auch laufen musste. So liefen sie ein Stück schweigend nebeneinander her.

Ole guckte meistens auf seine Stiefel. Aber als er einmal kurz zur Seite schaute, merkte er, dass Emma ihn so ganz merkwürdig ansah. Und dann passierte es. Emma fragte: „Ole, hast du mir die wunderschöne Schneekugel geschenkt?" Ole wurde plötzlich sehr warm. Leise sagte er nur ein einziges Wörtchen: „Ja". Da legte Emma beide Arme über seine Schultern und gab ihm einen dicken Kuss auf die Wange. Und dann legte Ole beide Arme um Emmas Taille und gab ihr auch einen dicken Kuss auf die Wange.

Birte Stratmann

Fragen zum Text: Weihnachtswichteln

1. Welches Spiel möchte Oles Klasse zur Weihnachtsfeier spielen?
2. Was hält Ole von der Spielidee?
3. Für wen muss Ole ein Päckchen packen?
4. An wen gibt Ole diese Aufgabe ab?
5. Was besorgt Oles Mutter für seine Mitschülerin?
6. Was soll Ole auf das Kärtchen schreiben, welches an das Geschenk gehängt werden soll?
7. Wie findet Emma Oles Geschenk?
8. Verrät Ole tatsächlich nicht, dass er Emma beschenkt hat?
9. Wie geht die Geschichte aus? Schreibe mindestens zwei Sätze.

Antworten zum Text: Weihnachtswichteln

1. Welches Spiel möchte die Klasse von Ole zur Weihnachtsfeier spielen?

   Die Klasse möchte „Wichteln" spielen und sich gegenseitig Päckchen packen.

2. Was hält Ole von der Spielidee?

   Ole möchte nicht mitmachen. Er findet das Spiel nicht gut.

3. Für wen muss Ole ein Päckchen packen?

   Ole muss für Emma ein Päckchen packen.

4. An wen gibt Ole diese Aufgabe ab?

   Ole gibt diese Aufgabe an seine Mutter ab.

5. Was besorgt Oles Mutter für seine Mitschülerin?

   Oles Mutter kauft eine rosarote Schneekugel, mit der man Stifte anspitzen kann.

6. Was soll Ole auf das Kärtchen schreiben, welches an das Geschenk gehängt werden soll?

   Ole soll „Fröhliche Weihnachten für Emma" auf das Kärtchen schreiben.

7. Wie findet Emma Oles Geschenk?

   Emma ist begeistert. Sie findet das Geschenk sehr schön.

8. Verrät Ole tatsächlich nicht, dass er Emma beschenkt hat?

   Doch, auf die Frage von Emma, ob er ihr das Geschenk gemacht hat, antwortet Ole mit „Ja".

9. Wie geht die Geschichte aus?

   Emma bedankt sich bei Ole mit einem Kuss. Daraufhin gibt Ole Emma auch einen Kuss auf die Wange.

Die Weihnachtsbaumkugel – eine Fortsetzungsgeschichte

Die folgende Geschichte kann entweder vorgelesen oder im Deutschunterricht von den Schülern erweitert bzw. fortgesetzt werden. Im unteren Drittel gibt es einen Satzanfang, der von den Schülern als Einstieg in ihre Fortsetzung genutzt werden kann. Eine Differenzierung ist möglich, indem leistungsstarke Schüler sich auch das Ende der Geschichte ausdenken, während leistungsschwächeren Schülern das Ende vorgegeben wird.

Morgen war endlich der erste Dezember. Mama hatte für Merle und Linus den Weihnachtskalender an der Treppe aufgehängt. 24 kleine, bunte Päckchen lugten aus den Stoffsäcken heraus und versprachen herrliche kleine Geschenke. Merle und Linus freuten sich schon darauf, das erste Päckchen zu öffnen.

Am nächsten Morgen liefen beide Kinder gleich zu ihrem Kalender. Linus hatte einen Glitzerstift in seinem Stoffsäckchen. Mama hatte Merle gesagt, dass sie ihr erstes Päckchen ganz vorsichtig auswickeln sollte und das tat sie auch. Dann hielt sie eine wunderschöne Weihnachtsbaumkugel in der Hand. Die Kugel glitzerte in den Regenbogenfarben. Merle hielt ihr Geschenk vorsichtig und schaute sich die entzückende Kugel von allen Seiten an. Plötzlich bemerkte sie etwas Seltsames. Sie sah in der Kugel, wie der Postbote ihr einen Brief von Oma brachte. Oma hatte schon lange nicht mehr geschrieben. Merle beschloss, sich keine weiteren Gedanken darüber zu machen. Sie legte ihre Weihnachtsbaumkugel in eine kleine Schachtel, die sie zuvor mit Watte ausgepolstert hatte. Dann ging sie in die Schule. Beim Mittagessen klingelte es. Es war der Briefträger, der Merle einen Brief von Oma überreichte. Merle staunte, denn genau diese Szene hatte sie heute Morgen in der Kugel gesehen. In dem Brief war eine Einladung von Oma. Sie wollte mit Merle am nächsten Sonnabend ins Theater und auf den Weihnachtsmarkt gehen. Merle freute sich.

Kurz bevor sie ins Bett ging, schaute Merle noch einmal in die Kugel. Dieses Mal sah sie sich im Englischunterricht sitzen und einen Vokabeltest schreiben. Vorsichtshalber lernte Merle im Bett noch einmal die Vokabeln. Und tatsächlich: Am nächsten Tag ließ die Englischlehrerin, für die meisten Kinder sehr überraschend, einen Vokabeltest schreiben. Merle war sprachlos. Sie konnte mit der Kugel in die Zukunft sehen. Unglaublich!

Beim nächsten Blick in die Weihnachtsbaumkugel sah Merle, dass ihre Freundin morgen ihren Badeanzug vergessen würde und daher in der Schwimmstunde nicht mitmachen konnte. Beide Mädchen liebten die Schwimmstunden. Deshalb steckte Merle an diesem Tag einen zweiten Badeanzug ein. Und ob ihrs glaubt oder nicht, Merles Freundin hatte wirklich den Badeanzug vergessen und war sehr froh, dass Merle ihr aus der Patsche helfen konnte.

Beim nächsten Mal, als Merle in die Kugel guckte ...

Schluss:
Sie konnte ihr Geheimnis nicht länger für sich behalten. Leise lief sie mit der Kugel zu ihrem Bruder und erzählte von ihrer Weihnachtsbaumkugel. Linus konnte Merle nicht glauben. „Wenn das stimmt, dann schau doch mal nach, ob ich zu Weihnachten wirklich das ferngesteuerte Auto bekomme, das ich mir so sehr wünsche." Merle fand die Idee nicht gut. „Dann hast du ja keine Überraschung mehr", sagte sie. Doch Linus bestand darauf, dass Merle einmal nachschauen sollte. Merle nahm die Kugel vorsichtig in die Hand und schaute hinein. Aber in diesem Moment zersprang die Kugel in tausend kleine Glassplitter.

Birte Stratmann

Wunschzettel schreiben

Mein Wunschzettel

Bildergeschichten

Suche dir eine Geschichte aus. Schreibe sie auf.
Finde selbst einen Schluss.

Geschichte 1:

Geschichte 2:

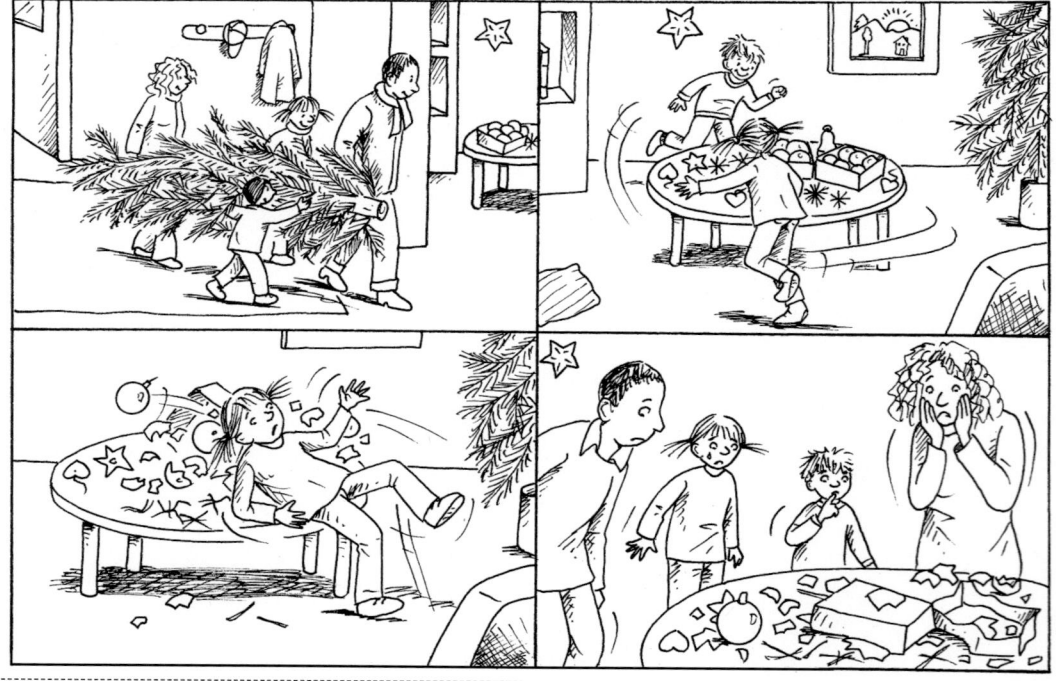

Mögliche Lösungen:

Geschichte 1: Mutter gibt dem Mädchen ihren Mantel.

Geschichte 2: Kinder basteln aus Kronkorken, Pappe, Buntpapier und anderen Materialien neuen Baumschmuck.

Weihnachtspost

Arbeitsauftrag

- Stell dir vor, du warst gestern auf einem Weihnachtsmarkt. Da du so begeistert davon warst, schreibst du deiner Patentante gleich einen Brief und berichtest ihr darin, was du so alles erlebt und gesehen hast. Vergiss nicht, die Anschrift deiner Patentante und deine Adresse, also den Absender, auf den Umschlag zu schreiben!
- Du kannst natürlich auch einer anderen Person einen Brief schreiben.
- Schneide den Brief aus und stecke ihn in einen Umschlag.

Liebe _____,

gestern war ich mit meinen Freunden auf dem Weihnachtsmarkt.

Einladung zur Weihnachtsfeier

Arbeitsauftrag

- Lies dir die Einladung zu einer Weihnachtsfeier durch. Unterstreiche in der Einladung, **wem** sie geschrieben wurde und **warum**, **wo**, **wann** und **wer** feiert!

Lieber Nils,
ich möchte dich herzlich zu meiner kleinen Weihnachtsfeier am Freitag, dem 16. Dezember, einladen. Die Feier beginnt um 15.00 Uhr bei uns im Möwenweg 10 in Neudorf. Die Feier endet um 19.00 Uhr. Ich würde mich sehr freuen, wenn du kommen könntest. Bring bitte ein kleines Wichtelpaket mit.
Viele Grüße
deine Mareike

- Kontrolliere dein Ergebnis mithilfe der Lösung.
- Schreibe nun selbst eine Einladung an deinen Freund oder deine Freundin. Stell dir vor, dass du mit ihnen eine kleine Weihnachtsfeier feiern möchtest. Beachte dabei, dass du schreibst, **wer wen** einlädt, **warum**, **wann** und **wohin** eingeladen wird! Die Einladung im eingerahmten Feld kannst du als Vorlage verwenden.
- **Zusatzaufgabe:** Gestalte deine Einladungskarte und stecke sie in einen Umschlag. Beschrifte den Umschlag mit der Adresse deines Freundes oder deiner Freundin.

Lösung:

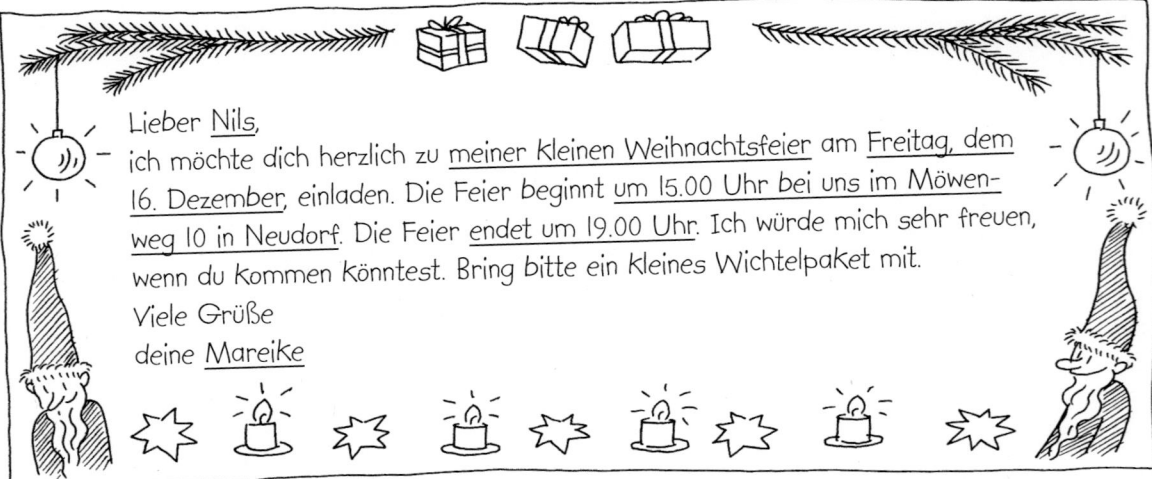

Lieber <u>Nils</u>,
ich möchte dich herzlich zu <u>meiner kleinen Weihnachtsfeier</u> am <u>Freitag, dem 16. Dezember</u>, einladen. Die Feier beginnt <u>um 15.00 Uhr bei uns im Möwenweg 10 in Neudorf</u>. Die Feier <u>endet um 19.00 Uhr</u>. Ich würde mich sehr freuen, wenn du kommen könntest. Bring bitte ein kleines Wichtelpaket mit.
Viele Grüße
deine <u>Mareike</u>

Englische Weihnachtspost übersetzen

Arbeitsauftrag

- Lies dir die folgenden Karten durch und übersetze sie. Wenn du ein Wort nicht kennst, schlage es im Wörterbuch nach.
- **Zusatzaufgabe:** Male ein Weihnachtsmotiv auf jede Karte.

Mit Weihnachtsgedichten umgehen

Arbeitsauftrag

- Lies dir das Gedicht durch.
- Schreibe das Gedicht ab. Ersetze dabei in jeder Strophe mindestens zwei Wörter durch ein passendes Bild. Pro Zeile sollte aber nur ein Bild ersetzt werden.

Beispiel: Markt und ▭ stehn verlassen.

Weihnachten

Markt und Straßen stehn verlassen,
still erleuchtet jedes Haus,
sinnend geh ich durch die Gassen,
alles sieht so festlich aus.

An den Fenstern haben Frauen
buntes Spielzeug fromm geschmückt,
tausend Kindlein stehn und schauen,
sind so wunderstill beglückt.

Und ich wandre aus den Mauern
bis hinaus ins freie Feld,
hehres Glänzen, heil'ges Schauern!
Wie so weit und still die Welt!

Sterne hoch die Kreise schlingen,
aus des Schnees Einsamkeit
steigt's wie wunderbares Singen –
O du gnadenreiche Zeit!

Joseph von Eichendorff

Ladislaus und Annabell

Arbeitsauftrag

- Hier ist wohl so einiges durcheinandergeraten. Schneide die Kärtchen aus uns setze das Gedicht wieder richtig zusammen.
- Vergleiche mit der Lösung.

„Das ist alles noch zu haben!",
Ruft die Puppe Annabell.
„Kommen Sie zum Warenhause
Unten rechts, doch bitte, schnell!"

Das ist eine Überraschung.
Ladislaus kämmt schnell den Schopf
Und die Puppe Annabella
Flicht ein Schleifchen in den Zopf.

Traurig vor der großen Scheibe
Fallen Flocken, leicht wie Flaum.
Und im Hause gegenüber
Glänzt so mancher Weihnachtsbaum.

Zehn Uhr schlägt's vom nahen Turme
Und fast schlafen beide schon,
Da ertönt im Puppenhause
Laut das Puppentelefon.

In der Ecke eines Fensters
Unten rechts im Warenhaus,
Sitzt die Puppe Annabella
Mit dem Bären Ladislaus.

Annabella weint und jammert,
Ladislaus, der grunzt und schnauft:
Weihnachtsabend ist gekommen
Und die zwei sind nicht verkauft.

James Krüss

Und schon zehn Minuten später
Kommt ein Schlitten, kommt ein Ross.
Und ein Alter steigt vom Schlitten,
Und ein Schlüssel knarrt im Schloss.

Ladislaus, der quiekt und jodelt,
Annabella lacht und singt,
Als der Weihnachtsmann die beiden
In den Pferdeschlitten bringt.

„Armer Bär!", seufzt Annabella.
„Arme Puppe!", schluchzt der Bär.
Tränen kullern in die Ecke
Und das Herz ist beiden schwer.

In dem leeren Warenhause
Löscht man langsam Licht um Licht.
Nur in diesem einen Fenster,
Da verlöscht die Lampe nicht.

Ladislaus und Annabella

„Hallo", fragt der Bär verschlafen.
„Hier ist das Kaufhaus. Wer ruft an?"
Da vernimmt er eine Stimme
Und die brummt: „Der Weihnachtsmann."

„Oh", ruft Ladislaus erschrocken.
„Was darf's sein, ich bitte sehr?"
„Eine schöne Puppenstube,
Eine Puppe und ein Bär."

Lösung:

Ladislaus und Annabella

In der Ecke eines Fensters
unten rechts im Warenhaus,
sitzt die Puppe Annabella
mit dem Bären Ladislaus.

Annabella weint und jammert,
Ladislaus, der grunzt und schnauft:
Weihnachtsabend ist gekommen
und die zwei sind nicht verkauft.

„Armer Bär!", seufzt Annabella.
„Arme Puppe!", schluchzt der Bär.
Tränen kullern in die Ecke
Und das Herz ist beiden schwer.

In dem leeren Warenhause
löscht man langsam Licht um Licht.
Nur in diesem einen Fenster,
Da verlöscht die Lampe nicht.

Traurig vor der großen Scheibe
fallen Flocken, leicht wie Flaum.
Und im Hause gegenüber
glänzt so mancher Weihnachtsbaum.

Zehn Uhr schlägt's vom nahen Turme
und fast schlafen beide schon,
da ertönt im Puppenhause
laut das Puppentelefon.

„Hallo", fragt der Bär verschlafen.
„Hier das Kaufhaus. Wer ruft an?"
Da vernimmt er eine Stimme
und die brummt: „Der Weihnachtsmann."

„Oh", ruft Ladislaus erschrocken.
„Was darf's sein, ich bitte sehr?"
„Eine schöne Puppenstube,
eine Puppe und ein Bär."

„Das ist alles noch zu haben!",
ruft die Puppe Annabell.
„Kommen Sie zum Warenhause
unten rechts, doch bitte, schnell!"

Das ist eine Überraschung.
Ladislaus kämmt schnell den Schopf
und die Puppe Annabella
flicht ein Schleifchen in den Zopf.

Und schon zehn Minuten später
kommt ein Schlitten, kommt ein Ross.
Und ein Alter steigt vom Schlitten,
Und ein Schlüssel knarrt im Schloss.

Ladislaus, der quiekt und jodelt,
Annabella lacht und singt,
Als der Weihnachtsmann die beiden
In den Pferdeschlitten bringt.

James Krüss

James Krüss: Ladislaus und Annabella.
Aus: Der Zauberer Korinthe, Verlag Friedrich Oetinger, Hamburg 1982

Ein Wachsgedicht

Arbeitsauftrag

- Schreibe ein „Wachsgedicht", welches mit jeder Zeile wächst.
- Lies dir die Schritte und das Beispielgedicht genau durch.
- Schreibe in ähnlicher Form ein Gedicht.
  Hinweis: Gedichte müssen sich nicht unbedingt reimen.
- Male eine große Christbaumkugel und schreibe dein Gedicht dort hinein.

Schritte zum „Wachsgedicht"

1. Schreibe in die erste Zeile ein Nomen zum Thema „Weihnachten".
2. Wiederhole das Nomen in der zweiten Zeile und bestimme es mit einem weiteren Nomen genauer. Benutze dazu auch im, in, um, auf und so weiter.
3. Wiederhole in der dritten Zeile alles und setze ein Adjektiv vor das zweite Nomen.
4. Wiederhole in der vierten Zeile alles und setze ein weiteres Nomen mit Adjektiv dazu. Verbinde mit „und". Das Nomen kann mit dem Anfangsnomen etwas gemeinsam haben oder das Gegenteil sein.
5. In der letzten Zeile kannst du ein Wort aus der vierten Zeile als Abschluss wiederholen oder einen Satz mit einem Wort aus der letzten Zeile schreiben.

Beispielgedicht

> Kerzen
> Kerzen am Baum
> Kerzen am geschmückten Baum
> Kerzen am geschmückten Baum und glänzende Kugeln
> Alles wunderbar glänzend

Ein Gedicht pantomimisch darstellen

Arbeitsauftrag

- Suche dir einen Partner. Einigt euch, wer das Gedicht liest bzw. aufsagt und wer die Pantomime übernimmt.
  Tipp: Die zweite Strophe ganz langsam lesen.
- Tauscht noch einmal und tragt das Gedicht eurer Klasse oder auf einer Weihnachtsfeier vor.

Vorweihnachtstrubel

Grüner Kranz mit roten Kerzen,
Lichterglanz in allen Herzen,
Weihnachtslieder, Plätzchenduft,
Zimt und Sterne in der Luft.
Garten trägt sein Winterkleid,
wer hat noch für Kinder Zeit?

Leute packen, basteln, laufen,
grübeln, suchen, rennen, kaufen,
kochen, backen, braten, waschen,
rätseln, wispern, flüstern, naschen,
schreiben Briefe, Wünsche, Karten,
was sie auch von dir erwarten.

Doch wozu denn hetzen, eilen,
schöner ist es zu verweilen,
und vor allem dran zu denken,
sich ein Päckchen „Zeit" zu schenken.
Und bitte lasst doch etwas Raum
Für das Christkind unterm Baum!

Ursel Scheffler

Wortarten

Arbeitsauftrag

- Schneide die Puzzleteile aus.
- Klebe sie richtig zusammen. Aus den vielen kleinen Teilen wird ein weihnachtliches Symbol.
- Kontrolliere mit der Lösung.

schmücken	Verb
Weihnachtspost	Nomen
Verb	(Dreieck)
Adjektiv	(Dreieck)
Lebkuchen	Nomen
Verb	(Dreieck)
einpacken	Verb
Nomen	(Dreieck)
glitzernd	Adjektiv
spannend	Adjektiv
Verb	(Dreieck)
Nomen	(Dreieck)
Nomen	(Dreieck)
Weihnachtskugel	Nomen
Adjektiv	(Dreieck)
schenken	Verb
basteln	Verb
leuchtend	Adjektiv
Adjektiv	(Dreieck)
Adjektiv	(Dreieck)
Nikolaus	Nomen
Nomen	
aufregend	Adjektiv
Verb	

Lösung:

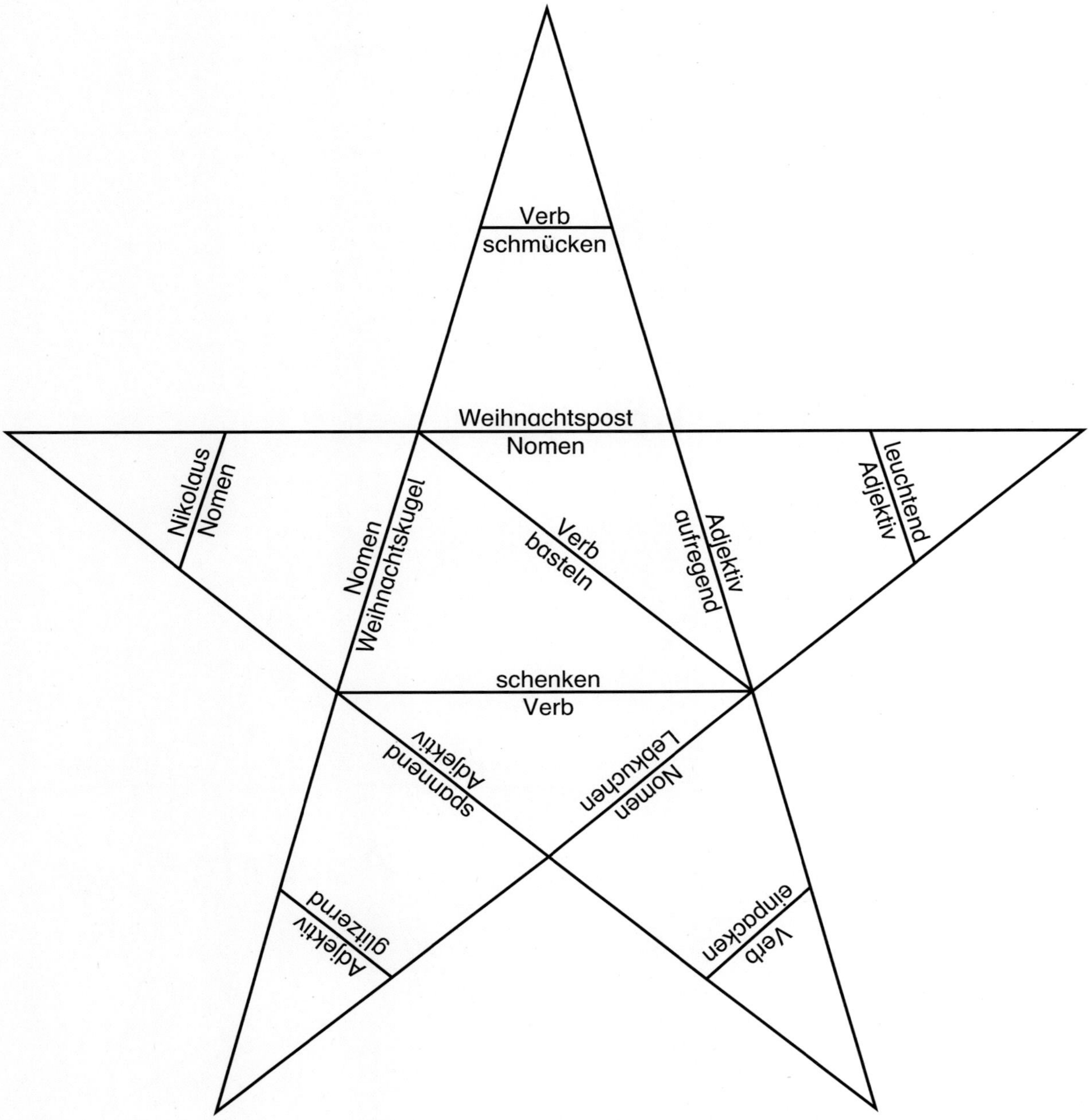

Zusammengesetzte Nomen

Arbeitsauftrag

- Schreibe die zusammengesetzten Nomen in dein Heft.
- Kontrolliere mit der Lösung.

Weihnachts-: -geschenk, -duft, -mann, -gebäck, -lieder, -stern, -schmuck

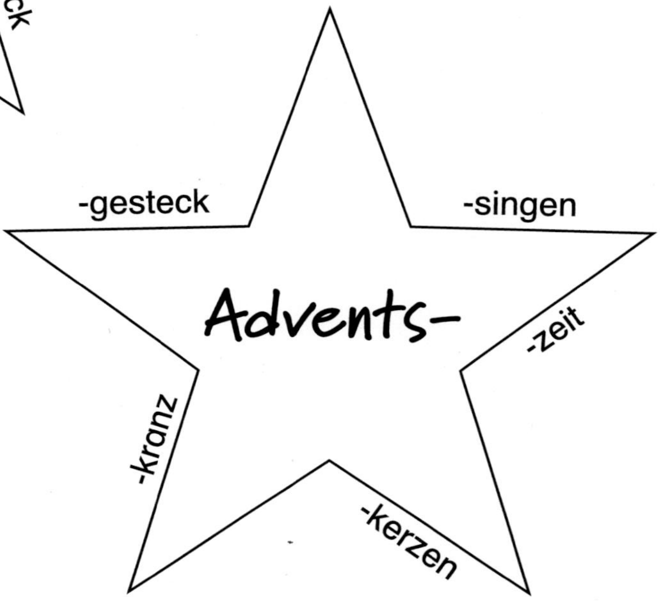

Advents-: -gesteck, -singen, -zeit, -kerzen, -kranz

Lösung:

Weihnachtsduft, Weihnachtsmann, Weihnachtsgebäck, Weihnachtslieder, Weihnachtsstern, Weihnachtsschmuck, Weihnachtsgeschenk. Adventsgesteck, Adventskerzen, Adventszeit, Adventssingen, Adventskranz

Personenbeschreibungen

Sicherlich weißt du, wofür eine Personenbeschreibung wichtig sein kann. Zum Beispiel, wenn ein Dieb gesucht wird, eine verwirrte Oma nicht mehr nach Hause findet, selbst wenn du deine Puppe verloren hast, kannst du für sie eine „Personenbeschreibung" schreiben und diese im Fundbüro abgeben oder aushängen.

Bei einer Personenbeschreibung ist es wichtig, die Person sehr genau zu beschreiben. Dabei helfen uns die Adjektive (Wie-Wörter). Am besten ist es, wenn du von Kopf bis Fuß vorgehst. (Frisur, Augenfarbe, Brille, Ohrringe, Nasenform, Kette, Statur (schlank, etwas kräftiger, dick ...), Kleidung, Schuhe, besondere Merkmale (z. B. Narben, Tattoos ...)

Zur Übung kannst du ein Kind oder deine Lehrerin bzw. deinen Lehrer beschreiben und die Personenbeschreibung einem Mitschüler vorlesen. Dein Mitschüler soll dann erraten, wen du beschrieben hast. Dabei darfst du natürlich nicht den Namen nennen.

Stell dir nun folgende Situationen vor und löse die Aufgaben.

Situation 1

Du kommst vom Weihnachtsmarkt und hast an einem Stand einen Engel gesehen, der dir so gut gefällt, dass du ihn gern haben möchtest. Deine Mutter bittet dich, ihr den Engel genau zu beschreiben.

- Schau dir die Engel auf dem Bild an und male sie an.
- Such dir einen Engel aus, den du ganz genau beschreibst. Schreibe auf die Rückseite oder ins Heft.
- Lies deine Beschreibung anschließend einem Mitschüler vor. Zeige ihm dabei das Arbeitsblatt, auf dem du die Engel angemalt hast, und bitte ihn, zu raten, welchen Engel du beschrieben hast.

Situation 2

Du bist mit deinem Freund in der Vorweihnachtszeit in der Stadt. In einem großen Kaufhaus laufen viele unterschiedliche Weihnachtsmänner herum und verteilen Geschenke für die Kinder. Einer ist besonders großzügig. Nun willst du deinem Freund beschreiben, zu welchem Weihnachtsmann er gehen sollte, um das gleiche schöne Geschenk zu bekommen, das du bekommen hast.

- Schau dir die Weihnachtsmänner an und male sie bunt an.
- Such dir einen Weihnachtsmann aus, den du beschreiben möchtest. Schreibe auf die Rückseite oder ins Heft.
- Bitte deinen Freund, zu raten, welchen Weihnachtsmann du beschrieben hast. Zeige ihm dabei das Arbeitsblatt mit den angemalten Weihnachtsmännern.

Kreatives Schreiben

Arbeitsauftrag

- Schneide die Wörter aus und lege sie in eine Dose.
- Suche dir einen Partner.
- Zieht abwechselnd drei Wörter und erzählt euch gegenseitig eine kleine Geschichte, in der diese drei Wörter vorkommen.
- Ihr könnte eure Geschichten auch aufschreiben.

Weihnachtsmann	**stampfen**
Schnee	**Rute**
Weihnachtsmarkt	**Geschenke**
Sack	**aufgeregt**
Tannenbaum	**freuen**
funkeln	**Waffeln**
verstecken	**Weichnachtskugeln**
neugierig sein	

Planquadrate-Orientierung

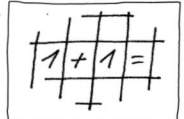

Arbeitsauftrag

- Schreibe die im Planquadrat gesuchten Stände und Orte auf, zum Beispiel C 1 = Sockenstand

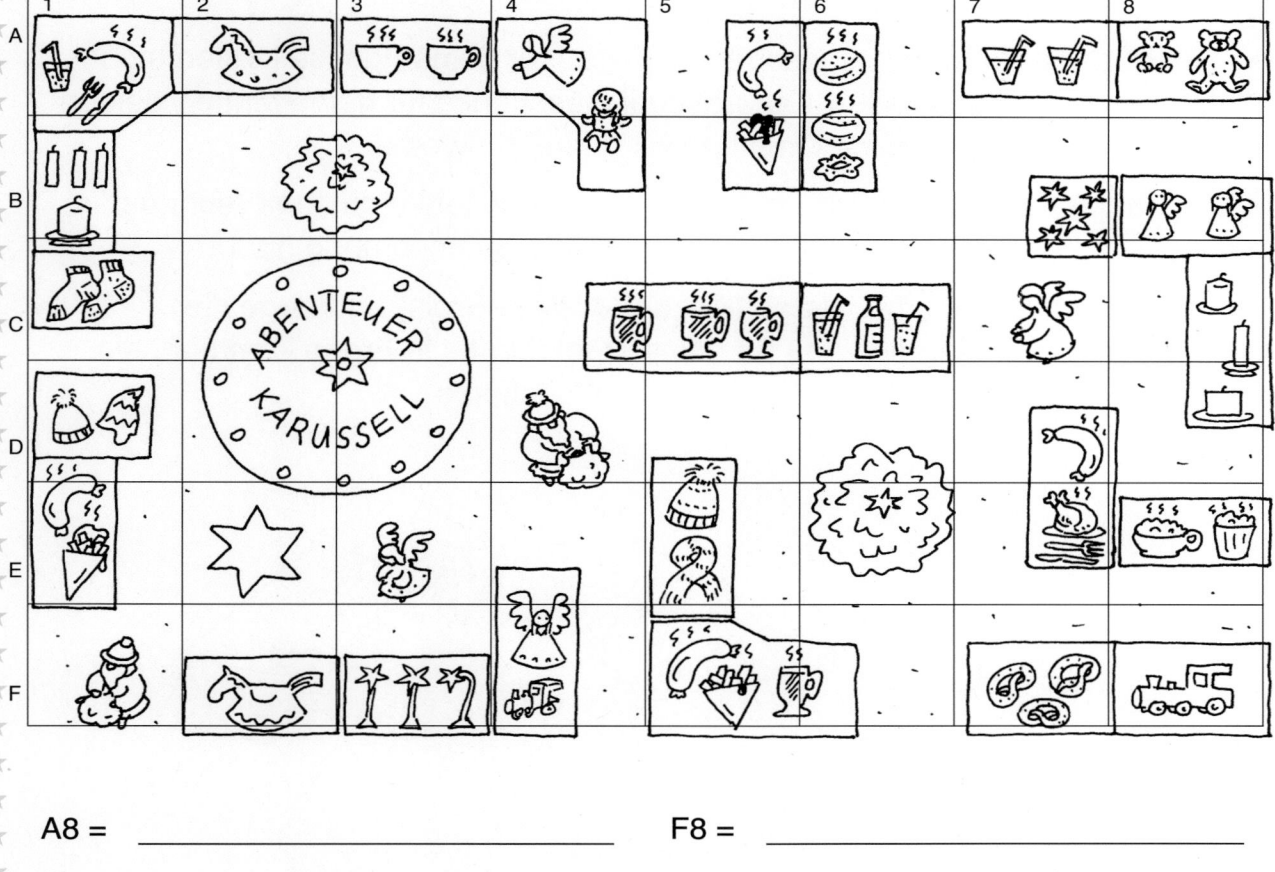

A8 = _____ F8 = _____

E1 = _____ F7 = _____

D/E6 = _____ C2/3 und E2/3 = _____

- Du bekommst vom Weihnachtsmann, der sich auf dem Weihnachtsmarkt befindet, einen Zettel, auf dem geschrieben steht, welche Anweisungen du zu befolgen hast. Von C2 nach D5, dann nach E3 und D6 nach F2. Das Ziel ist F1. Was siehst du am Ziel?

Lösung:
A8 = Teddybärenstand
E1 = Grillstand
D/E 6: Tannenbaum
Lösungswort: Weihnachtsmann

F8 = Eisenbahnverkauf
F7 = Brezelstand
C2/3 und E2/3 = Abenteuerkarussell

Birte Stratmann/Nicole Weber: Lernwerkstatt: Weihnachten
© Persen Verlag

Weihnachtsgeschenke im Internet kaufen

Arbeitsauftrag

- Du willst die Weihnachtsgeschenke, die du für deine Familie kaufen möchtest, im Internet bestellen. Du brauchst Geschenke für deine Mutter, deinen Vater, deinen Opa, deine Oma und für deine Schwester.

- Du hast 60 Euro zur Verfügung. Suche dir Geschenke aus und rechne aus, wie viel du bezahlen musst und wie viel Geld du noch übrig hast.

- Lege eine Warenkorb-Liste an (Anzahl–Artikel–Preis) und trage die Geschenke, die für dich und für deinen Geldbeutel in Frage kommen, ein. Denke daran: Du brauchst für jeden ein Geschenk.

Sterne spiegeln

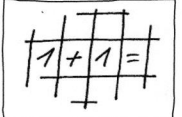

Arbeitsauftrag

- Male zu den Sternen die Spiegelbilder.
- Male die Sterne an.

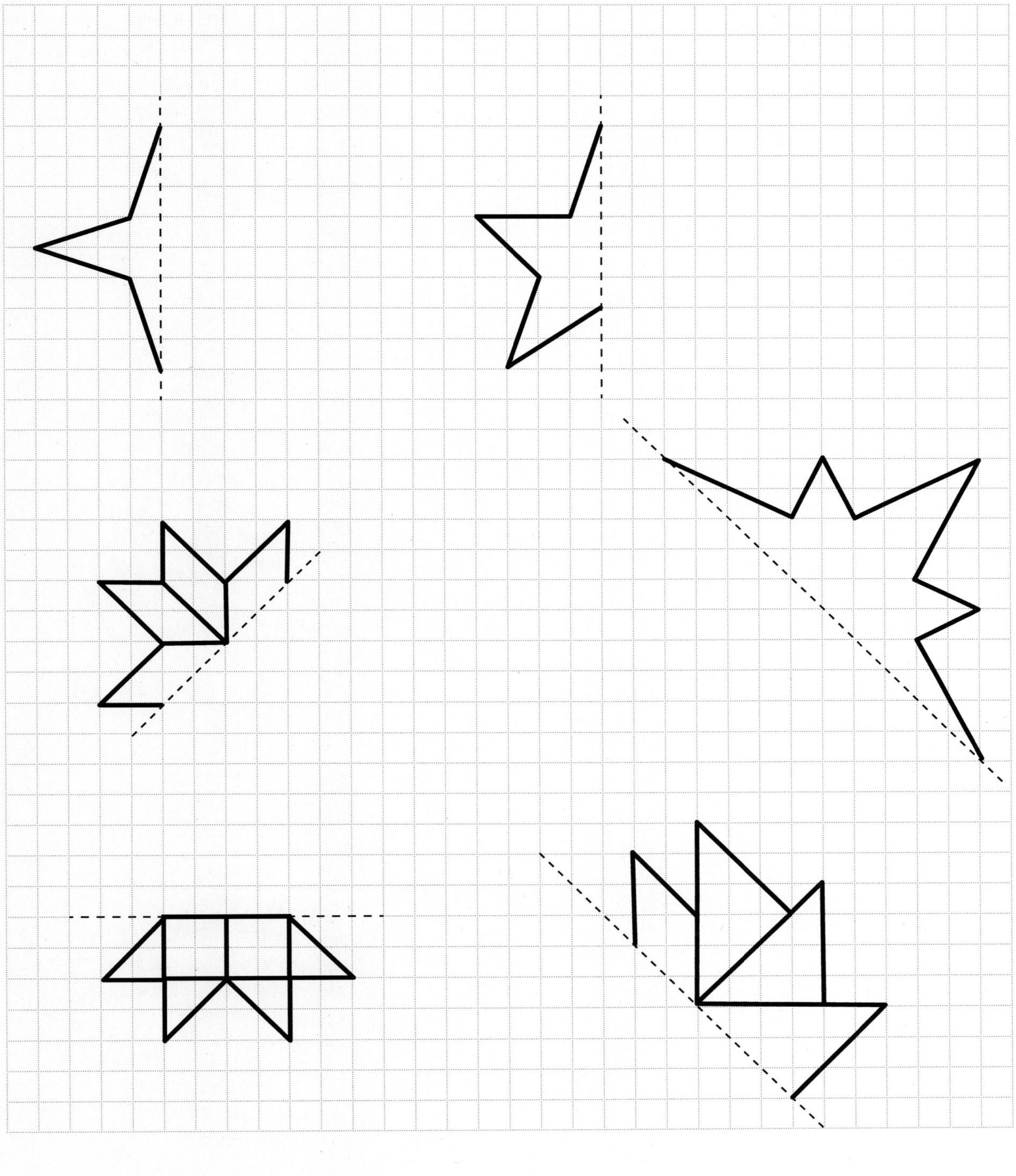

Knobelaufgaben für kluge Köpfe

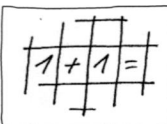

Arbeitsauftrag

- Löse folgende Knobelaufgaben.
- Kontrolliere mit den Lösungen.

1. Der Weihnachtsmann fliegt mit seinem Schlitten 1000 km/h und verteilt in dieser Zeit alle Geschenke, die er auf seinem Schlitten geladen hat. Das Auto von deinem Vater fährt maximal 200 km/h. Wie lange würde dein Vater benötigen, wenn er alle Geschenke verteilen müsste?
Zusatz: Wie schnell müsste dein Vater fahren, wenn er es in 4 Stunden schaffen will?

2. Du hast mit deiner Mutter 173 Plätzchen mit Streuseln gebacken. Du möchtest sie deinen drei Freunden zu Weihnachten schenken. Jeder soll gleich viele Plätzchen bekommen. Wie viele ganze Plätzchen bekommen deine Freunde jeweils und bleiben noch welche für dich übrig?

3. Beim Verteilen der Geschenke verliert der Weihnachtsmann von seinen 576 geladenen Geschenken während seiner rasanten Fahrt 138 Geschenke.
Bei einem Zwischenstopp gibt er die Hälfte der sich noch auf dem Schlitten befindenden Geschenke in einem Kinderheim ab. Anschließend fährt er weiter und lädt bei einem Spielwarenladen noch 30 Teddybären, 28 Spiele, 14 Puppenwagen und 12 Eisenbahnen zu. Wie viele Geschenke muss der Weihnachtsmann jetzt noch verteilen?

4. Eine Weihnachtspyramide dreht sich 25-mal in der Minute. Auf der Pyramide befindet sich eine Krippenfigur – einer der Heiligen Drei Könige mit Namen Melchior. Er legt bei einer Umdrehung einen Weg von 47 cm zurück. Wie viele Umdrehungen macht Melchior in einer Stunde und 25 Minuten und wie viele Meter legt er dabei zurück?

Für ganz kluge Köpfe:

5. An einem Weihnachtsbaum hängen 24 Weihnachtsbaumkugeln. Da die Katze die Kugeln sehr interessant findet, holt sie $\frac{1}{4}$ der Kugeln vom Baum. Von diesen Kugeln gehen $\frac{1}{6}$ kaputt. Wie viele Kugeln gehen kaputt?

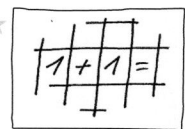

Lösung:

1. Dein Vater benötigt für das Verteilen der Geschenke fünf Stunden.
   Zusatz: Wenn dein Vater die Geschenke in 4 Stunden verteilen will, müsste er 250 km/h schnell fahren.

2. Jeder deiner Freunde bekommt 57 Plätzchen und es bleiben zwei für dich übrig.

3. Der Weihnachtsmann muss jetzt noch 303 Geschenke verteilen.

4. Melchior macht 2125 Umdrehungen in einer Stunde und 25 Minuten und legt dabei eine Strecke von 998,75 m zurück.

5. Es geht eine Kugel kaputt.

Einen Stern falten

Faltanleitung für einen Stern

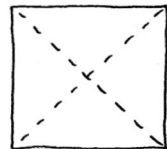

1. Falte ein Quadrat so, dass vier Dreiecke entstehen. Falte es wieder auseinander.

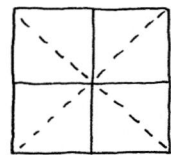

2. Falte das Blatt zweimal in zwei Hälften. Es soll ein Kreuz in der Mitte entstehen. Bitte falte es auch wieder auseinander.

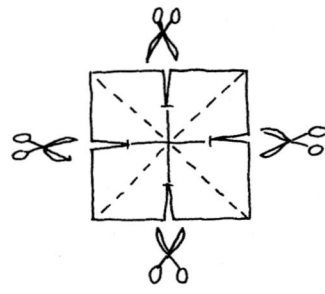

3. Schneide an den angegebenen Stellen ein kleines Stück ein. Das eingeschnittene Stück muss immer gleich lang sein.

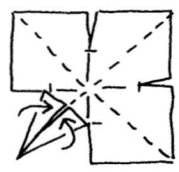

4. Falte nun vier Spitzen, indem du die Ecken, die du durch das Einschneiden bekommen hast, jeweils an die Diagonale faltest. So erhältst du eine Spitze. Fahre mit den anderen Ecken genauso fort.

5. Klebe zwei Sterne aufeinander.

Mit Rezeptzutaten rechnen

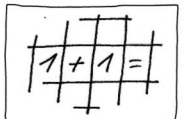

Arbeitsauftrag

- Ihr wollt viele Plätzchen für eure Klasse backen. Ergänzt die Mengenangaben nach eurer Klassenstärke, sodass jeder genügend Plätzchen essen kann.

- Backt die Plätzchen.

Mürbeteigplätzchen

(Ein Rezept ergibt etwa 37 Plätzchen.)

Errechnet erst, wie viele ihr braucht, damit jeder von euch mindestens 3 Plätzchen essen kann. Es kann sein, dass ihr einige Plätzchen übrig habt. Die bekommt eure Lehrerin oder euer Lehrer.

250 g Mehl _____ = _____ g Mehl

120 g Zucker _____ = _____ g Zucker

125 g Margarine oder Butter _____ = _____ g Butter

1 Ei _____ = _____ Eier

Pfefferkuchen

(Ein Rezept ergibt etwa 300 Stück.)

Jeder von euch möchte mindestens 30 Plätzchen mit nach Hause nehmen. Die restlichen Plätzchen esst ihr in der Schule. Wie viele Plätzchen braucht ihr mindestens? Errechnet die Mengen der Zutaten.

250 g Margarine _____ = _____ g Margarine

500 g Honig _____ = _____ g Honig

260 g Zucker _____ = _____ g Zucker

1 kg Mehl _____ = _____ kg Mehl

1 Päckchen (PK) Pfefferkuchengewürz _____ = _____ PK Pfefferkuchengewürz

Weihnachtsrekorde: Maßeinheiten

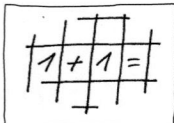

Arbeitsauftrag
- Ergänze die fehlenden Einheiten.
- Kontrolliere mit der Lösung.

Der größte Weihnachtsbaum wurde in Rom aufgestellt. Er war 33 ___ hoch. Doch es gibt auch einen 82 ___ hohen Mammutbaum, den man zum Christbaum ernannt hat, geschmückt hat man ihn aber nicht mehr.

Die schwerste Christbaumkugel wiegt 20 ____ und hat einen Durchmesser von 63 ____.

Der längste Pfefferkuchen ist 23,14 ___ lang.

Der größte Schokoladenweihnachtsmann ist 3,65 ___ hoch.

Der längste Weihnachtssocken ist 52 ___ lang und 400 ____ schwer.

Die größte Adventskerze ist ein verkleideter Turm. Er ist 36 ___ hoch.

Der größte Adventskranz ist ein Brunnen mit 1,5 ___ hohen Kerzen.

Das riesigste Lebkuchenhaus stand 2006 in den USA. Es war 18 ___ hoch.

Den riesigsten Lebkuchen gab es 2009 in Ludwigsburg. Er war 1 ____ lang und 7 _____ schwer.

Achtung: Wonach ist hier wohl gefragt?

Bei der größten Nikolausversammlung treffen sich 13 000 _____.

Lösung:

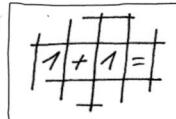

Der größte Weihnachtsbaum wurde in Rom aufgestellt. Er war 33 **m** hoch. Doch es gibt auch einen 82 **m** hohen Mammutbaum, den man zum Christbaum ernannt hat, geschmückt hat man ihn aber nicht mehr.

Die schwerste Christbaumkugel wiegt 20 **kg** und hat einen Durchmesser von 63 **cm**.

Der längste Pfefferkuchen ist 23,14 **m** lang.

Der größte Schokoladenweihnachtsmann ist 3,65 **m** hoch.

Der längste Weihnachtssocken ist 52 **m** lang und 400 **kg** schwer.

Die größte Adventskerze ist ein verkleideter Turm. Er ist 36 **m** hoch.

Der größte Adventskranz ist ein Brunnen mit 1,5 **m** hohen Kerzen.

Das riesigste Lebkuchenhaus stand 2006 in den USA. Es war 18 **m** hoch.

Den riesigsten Lebkuchen gab es 2009 in Ludwigsburg. Er war 1 **km** lang und 7 **Tonnen** schwer.

Achtung: Wonach ist hier wohl gefragt?

Bei der größten Nikolausversammlung treffen sich 13 000 **Nikoläuse**.

Das Rentier

Arbeitsauftrag

- Lies dir zuerst den Informationstext durch.
- Entscheide dich dann für eine der folgenden Aufgaben:
  1. Fertige einen Steckbrief vom Rentier an.
  2. Beantworte die Fragen.
  3. Fertige ein Plakat über das Rentier an.

Das Rentier

Auf vielen Bildern hat der Weihnachtsmann als Zugtiere für seinen Schlitten Rentiere. Informiere dich doch einmal über Rentiere:

Das Rentier gehört zur Familie der Hirsche. Es lebt zum Beispiel auf Grönland. Da es im Winter dort sehr kalt wird, wandern die Rentierherden in wärmere Gebiete. Manchmal wandern sie bis zu 5000 km weit. Sie können sehr kalte Temperaturen aushalten. Auch im Norden Amerikas, im Norden Schwedens, im Norden Norwegens und im Norden Finnlands kommen Rentiere vor.

Ein Rentier kann 60 kg bis 300 kg schwer werden. Es hat ein dichtes Fell, das meist dunkelbraun ist. Im Winter ist es immer etwas heller als im Sommer. Ein Rentier wird circa 12 bis 15 Jahre alt, manchmal sogar 20 Jahre und mehr.

Das Geweih eines männlichen Rentieres ist 50 cm bis 130 cm lang, das eines weiblichen Rentieres 20 cm bis 50 cm. Die Männchen werfen ihre Geweihe im Herbst und die Weibchen werfen sie im Frühjahr ab.

Die Hufe der Rentiere sind breit, damit sie sicher über das Gelände laufen können.

Rentiere leben in einer Herde. Wenn die Tiere ihre Wanderungen beginnen, finden sie sich zu großen Herden zusammen. In Alaska gibt es sogar eine Herde mit 500 000 Tieren. Nach diesen Wanderungen wird die große Herde wieder verkleinert und es finden sich kleinere Gruppen von zehn bis hundert Rentieren zusammen.

Die Jungtiere werden meistens im Mai oder Juni geboren. Sie können kurz nach der Geburt schon laufen.

Gras ist die „Hauptspeise" der Rentiere, aber auch Moose, Pilze und andere Pflanzen gehören auf ihren „Speiseplan".

Feinde hat das Rentier natürlich auch: Eisbären, Wölfe und Luchse sind dem Tier auf den Fersen. Da das Rentier aber recht schnell laufen kann, entwischt es ihnen häufig. Kranke Tiere haben oft weniger Chancen. Da die Tiere nicht sehr scheu sind, kann man ihnen in Schweden oder Finnland schon einmal auf der Straße begegnen.

Rentiere wurden bis zum 17. Jahrhundert als Last- und Zugtiere eingesetzt. Es gibt noch wild lebende Rentiere, meistens leben sie aber unter Beobachtung und im Schutz des Menschen. Noch immer jagen viele Jäger die Tiere, da ihr Fleisch und Fell sehr begehrt sind.

Es gibt zwei Hauptarten des Rentieres: zum einen das Tundrarentier und zum anderen das Waldrentier.

Das Rentier:

Hier kannst du ein Bild einkleben oder malen.

Besondere Merkmale: _____
_____
_____

Gewicht: _____

Lebensraum: _____

Nahrung: _____
_____
_____

Geburtsmonate: _____

Feinde: _____
_____
_____

Nutzung durch den Menschen: _____
_____
_____

Die zwei Hauptarten des Rentieres: _____

Fragen zum Text: Das Rentier

1. Wo lebt das Rentier?

2. Wie schwer kann ein Rentier werden?

3. Wie alt kann ein Rentier werden?

4. In welchen Monaten kommen die Jungen zur Welt?

5. Sind Rentiere Einzelgänger?

6. Was fressen Rentiere?

7. Nenne die Feinde des Rentieres.

8. Wie nutzen Menschen die Rentiere?

9. Hast du eine Idee, warum sich der Weihnachtsmann gerade diese Zugtiere aussucht? Begründe deine Meinung.

Antworten zum Text: Das Rentier

1. Wo lebt das Rentier?

    Das Rentier lebt zum Beispiel im Norden Amerikas, in Grönland, im Norden Finnlands, im Norden Schwedens und im Norden Norwegens.

2. Wie schwer kann ein Rentier werden?

    Ein Rentier kann 60 kg bis 300 kg schwer werden.

3. Wie alt kann ein Rentier werden?

    Ein Rentier kann 12 bis 15 Jahre alt, manchmal sogar 20 Jahre alt werden.

4. In welchen Monaten kommen die Jungen zur Welt?

    Die Jungtiere werden meistens im Mai oder Juni geboren.

5. Sind Rentiere Einzelgänger?

    Rentiere sind Herdentiere. Auf Wanderungen finden sich die Rentiere zu großen Herden zusammen. Ansonsten leben sie in kleinen Herden mit 10–100 Tieren.

6. Was fressen Rentiere?

    Rentiere fressen Gras aber auch Moose, Pilze und andere Pflanzen.

7. Nenne die Feinde des Rentieres.

    Zu den Feinden gehören der Eisbär, die Wölfe und die Luchse.

8. Wie nutzen Menschen die Rentiere?

    Ihr Fleisch und ihr Fell sind sehr beliebt.

Weihnachtsspezialitäten in Deutschland

In kaum einem anderen Land gibt es so viele Weihnachtsspezialitäten wie in Deutschland. Jede große Stadt hat in der Vorweihnachtszeit einen oder mehrere Weihnachtsmärkte, auf denen man allerlei Köstlichkeiten, Weihnachtsschmuck und Spielzeug kaufen kann.

Besonders bekannt ist der Lebkuchen, den es nur in den Monaten rund um das Weihnachtsfest zu kaufen gibt. Nach alten Rezepten werden die Lebkuchen gebacken und als Spezialität angeboten. Sehr wertvoll sind auch die aus Holz gefertigten Weihnachtsbaumanhänger, Pyramiden, Räuchermänner und Nussknacker.

Begebt euch nun auf die Suche, in welcher Stadt oder in welcher Region die Weihnachtsspezialitäten hergestellt werden. Während in einigen Bundesländern sehr viele weihnachtliche Köstlichkeiten, Dekorationen und Märkte ihren Ursprung haben, werdet ihr in anderen Bundesländern keine „Heimatstadt" bestimmter Weihnachtsspezialitäten finden.

Arbeitsauftrag

- Nehmt euch zunächst das Arbeitsblatt „Bundesländer", malt die Bundesländer mit unterschiedlichen Farben an und klebt sie in die Mitte eines großen Bogens Tonkarton.

- Tragt den Namen der Landeshauptstadt ein. Wenn ihr euch nicht sicher seid, schaut im Atlas nach!

- Schneidet nun die Aufgabenkarten aus.

- Sucht in den einzelnen Bundesländern die Städte bzw. Gebiete, in denen es die Weihnachtsspezialitäten gibt, und schreibt sie auf die Landkarte.

- Klebt die Aufgabenkarte daneben.

- Versucht nun, im Internet oder in Büchern mehr über die Spezialitäten, Weihnachtsmärkte oder den Weihnachtsschmuck herauszubekommen.

- Klebt Abbildungen oder Texte, die ihr gefunden habt, zu den einzelnen Bundesländern.

- Eventuell könnt ihr einige Kostproben kaufen oder mit Bildern und gesammelten Informationen eine Ausstellung machen.

Bundesländer

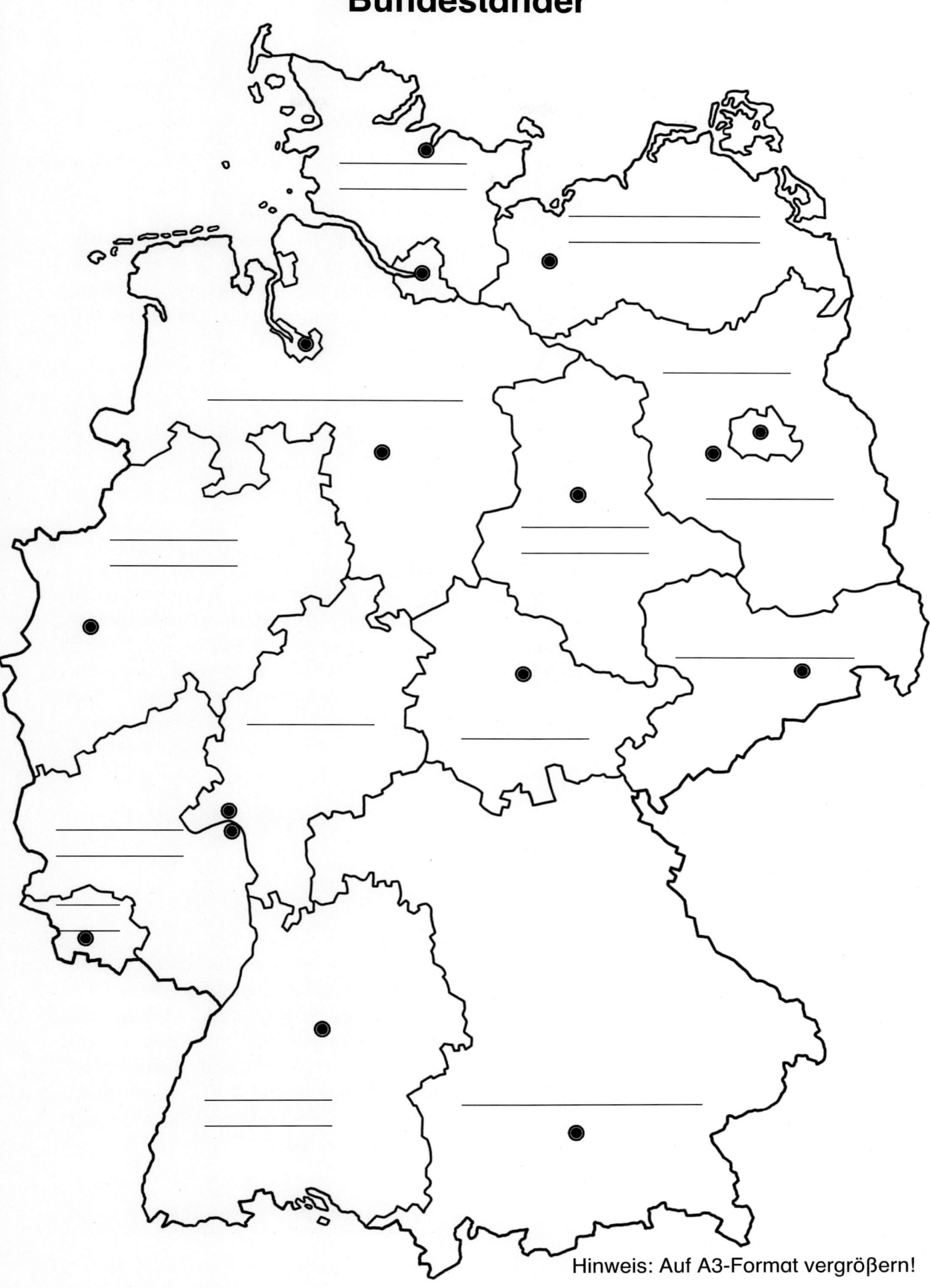

Hinweis: Auf A3-Format vergrößern!

Aufgabenkarten

Schleswig-Holstein
Auf jedem Weihnachtsteller sind sie zu finden. Kleine, daumendicke Marzipankartoffeln. Die Herstellung von Marzipan liegt seit vielen Jahren in der Hand des Familienunternehmens Niederegger in der Stadt Lübeck. Forsche nach, was du über diese Weihnachtsspezialität herausbekommen kannst.

Stadtstaat Hamburg
Hamburg ist die „Geburtsstadt" des Adventskranzes. Im Jahr 1839 wurde er von Johann Hinrich Wichern erfunden. Genaueres musst du nun herausbekommen.

Sachsen-Anhalt
Baumkuchen ist nicht nur zur Weihnachtszeit eine Köstlichkeit, aber rund um das Weihnachtsfest ist er ein beliebter Leckerbissen zum Adventskaffee. In der kleinen Stadt Salzwedel hat das Handwerk der Baumkuchenproduktion schon eine gut 200 Jahre lange Tradition. Was ist Baumkuchen und wie wird er hergestellt? Informiere dich!

Sachsen
Herrnhut ist eine Stadt, in der schon seit 160 Jahren ein besonderer Weihnachtsstern, zunächst aus Pappe, jetzt auch aus Plastik, hergestellt wird. Wie sieht dieser Herrnhuter-Stern aus? Was kannst du über ihn herausbekommen? Kannst du ihn eventuell selber basteln?

Sachsen
In Torgau soll der erste reichhaltige Christstollen erfunden worden sein. Der Christstollen ist das älteste Weihnachtsgebäck in Deutschland. Kannst du mehr über den Christstollen herausbekommen? Schaue auch unter dem Begriff Dresdner-Stollen nach.

Sachsen
Dresden ist bekannt für den ältesten Weihnachtsmarkt Deutschlands. Hinter dem Namen Striezelmarkt verbirgt sich ein Weihnachtsmarkt mit vielen Traditionen. Warum heißt dieser Weihnachtsmarkt „Striezelmarkt"? Kannst du noch mehr über den Dresdner Striezelmarkt herausbekommen?

Sachsen
Die Stadt Dresden ist neben dem Christstollen noch für eine weitere Weihnachtsköstlichkeit bekannt. Wesentlich jünger sind die sogenannten „Dominosteine". Sie wurden erst im Jahr 1936 in Dresden erfunden. Eine Zeit lang wurde diese Spezialität auch „Notpraline" genannt. Warum und wann wurden sie „Notpralinen" genannt? Was kannst du noch über die Dominosteine aus Lebkuchen in Erfahrung bringen?

Sachsen
Der bekannteste Landstrich für handgefertigten Weihnachtsschmuck, Spielzeug und Tannenbaumanhänger aus Holz ist das Erzgebirge, welches auch in Sachsen liegt. Schlage einmal nach, welche Produkte hier angeboten werden und welche Tradition hinter dieser Weihnachtsspezialität steht. Eventuell solltest du bei deiner Suche auch bei der Stadt „Seiffen" nachschauen.

Thüringen
Weihnachtsbaumkugeln hängen an jedem Weihnachtsbaum. Um mehr über Weihnachtsbaumkugeln herauszubekommen, musst du einmal die thüringische Stadt Lauscha suchen bzw. unter den Stichwörtern „Lauscha Christbaumschmuck" nachschlagen. Warum und wann wurden die Glaskugeln erfunden? Was kannst du alles über die Weihnachtsbaumkugel herausbekommen?

Nordrhein-Westfalen
Viele Menschen verbinden mit Aachener Printen ein Weihnachtsgebäck. Ihr Geschmack ähnelt dem typischen Weihnachtslebkuchen. In der Adventszeit halten sie vermehrt Einzug in die Regale unserer Supermärkte. Dennoch sind die Printen kein eindeutiges Weihnachtsbackwerk. Versuche, etwas über die Aachener Printen herauszubekommen. Vielleicht kannst du die Zutaten mit denen der Lebkuchen vergleichen und Unterschiede bzw. Ähnlichkeiten feststellen.

Nordrhein-Westfalen
Ein für Deutschland typisches Weihnachtsgebäck – Spekulatius – stammt aus dem Rheinland und aus Westfalen. Was verbirgt sich hinter dem Spekulatius? Forsche und berichte von deinen Informationen.

Bayern
Bayern ist neben Sachsen das Bundesland mit den meisten Weihnachtsspezialitäten. Die bekanntesten Backwaren der Weihnachtszeit sind die Lebkuchen. Sie haben ihren Ursprung in Bayern. Versuche, Informationen über den Lebkuchen herauszubekommen. Woher kommt der Name? Wer hat den Lebkuchen als Erster gebacken? Welche Zutaten benötigt man? Forsche!

Bayern
Nürnberg ist eine Stadt, die für einen besonderen Weihnachtsmarkt steht. Was kannst du über den „Christkindlesmarkt" herausbekommen? Informiere dich!

Bayern
1607 wurde in einer Kirche in München die erste „deutsche" Weihnachtskrippe aufgestellt. Die Figuren waren überwiegend aus Holz geschnitzt. Noch heute gibt es besonders in Süddeutschland viele traditionelle Schnitzereien und viele Familien stellen zu Weihnachten eine Krippe im Wohnzimmer auf. Was kannst du über die Weihnachtskrippe herausbekommen? Informiere dich zum Beispiel über das Material, aus dem die Figuren hergestellt werden. Welche Personen und Tiere gehörten früher und welche gehören heute zu einer Krippenszene? In welchen Städten gibt es noch heute Schnitzereien, die Krippenfiguren herstellen?

Bayern
Lametta; an vielen Weihnachtsbäumen glitzern die silbernen bzw. bunten Streifen. Vermutlich hast du dich noch nie gefragt, in welcher deutschen Stadt es zuerst hergestellt wurde. In Roth wurde es vor mehr als hundert Jahren hergestellt. Versuche, mehr über die Geschichte des Lamettas herauszufinden. Schaue unter Lametta aus Roth nach. Es gibt auch viele Gedichte über Lametta. Suche danach und schreibe das Gedicht auf, welches dir am besten gefällt.

Weihnachtsspezialitäten-Spiel

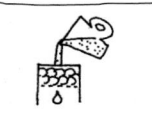

Spielregeln:

- Jeder Spieler braucht einen Spielstein und einen Würfel.

- Derjenige, der die höchste Zahl würfelt, beginnt.

- Bei einer 6 darf nochmal gewürfelt werden.

- Jeder, der auf ein F-Feld kommt, muss eine Fragekarte ziehen. Der Spieler, der rechts neben ihm sitzt, liest dann die Frage vor.

- Wenn die Frage richtig beantwortet wurde, darf die Spielfigur in die Stadt ziehen, die in der Frage erwähnt wurde, auch wenn die Antwort sich auf eine Person, einen Gegenstand, ein Gebäck oder Sonstiges bezieht. Rücke nur dann in diese Stadt, wenn dich dieser Spielzug dem Ziel näherbringt. Ist das nicht der Fall, kannst du einen Spieler deiner Wahl „versetzen". Wenn die Frage falsch beantwortet wurde, musst du stehenbleiben.

- Jeder, der auf ein E-Feld kommt, muss eine Ereigniskarte ziehen, sie lesen und die darauf stehenden Anweisungen befolgen.

Fragekarten (Vorderseiten)

Nenne den Namen des Familienunternehmens, welches das besondere Marzipan in Lübeck herstellt. Noch ein Tipp: Er beginnt mit „N".

Antwort: Niederegger

Ein Busunternehmen bietet eine mehrtägige Reise zu den deutschen Weihnachtsspezialitäten an. Es sollen folgende Spezialitäten in deren „Geburtsstädten" gekauft werden können: Spekulatius, Marzipan, Dominosteine und Weihnachtsbaumkugeln. In welche vier Bundesländer muss der Bus fahren?
Antwort: Spekulatius (Nordrhein-Westfalen), Marzipan (Schleswig-Holstein) Dominosteine (Sachsen), Weihnachtsbaumkugeln (Thüringen). Für jedes richtig genannte Bundesland darfst du noch einmal würfeln.

Nenne ein Bundesland, in dem mehr als zwei verschiedene Weihnachtsspezialitäten ihren Ursprung haben.

Antwort: Bayern oder Sachsen

Sie sind auf jedem Weihnachtsteller zu finden. Überzogen mit Schokolade, als Kreis, Herz, Tannenbaum, Stern oder Brezel, einige mit, andere ohne Oblate – sie schmecken wunderbar weihnachtlich. Wie heißen sie? Wie heißt die Stadt, in der dieses Gebäck unter anderem gebacken wird?

Antwort: Lebkuchen/Nürnberg

Die bayrische Stadt Roth ist die deutsche „Geburtsstadt" von einem besonderen Weihnachtsbaumschmuck. Rückwärts heißt es ATTEMAL. Welcher Weihnachtsbaumschmuck wird hier gesucht?

Antwort: Lametta

Ein sehr berühmter Weihnachtsmarkt findet jedes Jahr in Nürnberg statt.
Wie heißt dieser Weihnachtsmarkt?

Antwort: Christkindlesmarkt

In welchem Gebäude wurde in München 1607 die erste Weihnachtskrippe aufgestellt?

Antwort: In einer Kirche

In welchem Bundesland werden die Aachener Printen hergestellt?

Antwort: In Nordrhein-Westfalen

Sie sind fast an jedem Weihnachtsbaum zu finden, kostbar aus hauchdünnem Glas oder bruchsicher aus Plastik oder anderen Materialien. Geburtsort dieser Besonderheiten ist die thüringische Stadt Lauscha. Was wird dort bis heute hergestellt?

Antwort: Weihnachtsbaumkugeln

In Seiffen kannst du herrliches Spielzeug, Weihnachtsschmuck und Tannenbaumanhänger aus Holz kaufen.
In welchem Gebirge liegt diese Stadt?

Antwort: Erzgebirge

Welches Weihnachtsgebäck wurde eine Zeit lang auch „Notpraline" genannt?

Antwort: Dominosteine aus Dresden

Nenne den Nachnamen des Mannes, der in Hamburg den Adventskranz erfunden hat.

Antwort: Johann Hinrich Wichern

Der älteste Weihnachtsmarkt Deutschlands ist der Striezelmarkt. Wo findet er statt?

Antwort: In Dresden

Das gesuchte Gebäck war zunächst eine magere Fastenspeise. Es wurde mit der Zeit mit Zutaten wie zum Beispiel Butter, Mandeln oder Rosinen so aufgewertet, dass es nun zum Fasten nicht mehr geeignet ist und stattdessen rund ums Weihnachtsfest gerne gegessen wird. Noch ein Tipp: Es wird wie Brot aufgeschnitten.

Antwort: Christstollen aus Torgau oder Dresden

In Sachsen wird schon seit 160 Jahren ein besonderer Stern hergestellt. Er trägt den Namen seiner Produktionsstadt.
Wie heißt dieser Stern?

Antwort: Herrnhuter-Stern

Wie lange stellt man in Salzwedel schon Baumkuchen her?

Antwort: Gut 200 Jahre

Birte Stratmann/Nicole Weber: Lernwerkstatt: Weihnachten
© Persen Verlag

Fragekarten (Rückseiten)

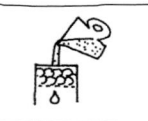

Ereigniskarten (Vorderseiten)

Suche dir 2 bis 3 Mitspieler und stellt eine Krippenszene nach. Ein anderer Mitspieler muss raten, was ihr darstellt.	Falte aus einem Stück Papier einen Stern. Es muss kein Herrnhuter-Stern werden. Deine Mitspieler müssen nur erkennen, was du gefaltet hast.
Du machst einen Ausflug zum Nürnberger Christkindlesmarkt. Rücke mit deiner Spielfigur nach Nürnberg.	Du kannst dich in Seiffen an all den schönen Holzspielsachen nicht sattsehen. Setze eine Runde aus.
Du backst mit deiner Oma für deine Eltern Lebkuchen. Rücke 5 Felder vor.	Du bist beim Toben in die Kiste mit den Weihnachtsbaumkugeln gefallen. „Fahre" nach Lauscha und kaufe neue. Rücke mit deiner Spielfigur nach Lauscha.
Du hast in Dresden beim Bummeln über den Striezelmarkt viele Weihnachtsgeschenke gefunden. Nun musst du sie einpacken. Setze eine Runde aus.	Male etwas, was man auf einem Weihnachtsmarkt kaufen kann, an die Tafel. Wenn deine Mitspieler erraten, was du gemalt hast, rücke 4 Felder vor.
Es schneit tüchtig. Du kommst nur langsam voran. Ziehe 2 Felder zurück.	Du bist in den falschen Zug gestiegen. Nun bist du auf dem Weg nach Aachen. Stelle deine Spielfigur nach Aachen.
Du bekommst von deiner Oma ein Bahnticket geschenkt. Mit diesem Ticket kannst du in die nächste Stadt auf dem Spielplan fahren. Rücke mit deiner Spielfigur ein Feld vor.	Eisregen setzt ein und macht die Straßen unpassierbar. Alle Mitspieler bleiben auf dem Feld, auf dem sie stehen, bis der nächste eine 4 würfelt. Er ist dann an der Reihe.
Jeder Spieler darf mit seiner Figur 3 Felder vorrücken.	Alle mitspielenden Mädchen dürfen mit ihrer Spielfigur zwei Felder vorrücken.
Alle mitspielenden Jungen dürfen mit ihrer Spielfigur zwei Felder vorrücken.	Lies diese Karte leise. Auf dem Weihnachtsmarkt hast du neben dem Kinderkarussell gestanden und immer wieder das Lied „Ihr Kinderlein kommet" gehört. Summe dieses Lied deinen Mitspielern vor. Erraten sie, welches Lied du summst, darfst du 3 Felder vorrücken.

Ereigniskarten (Rückseiten)

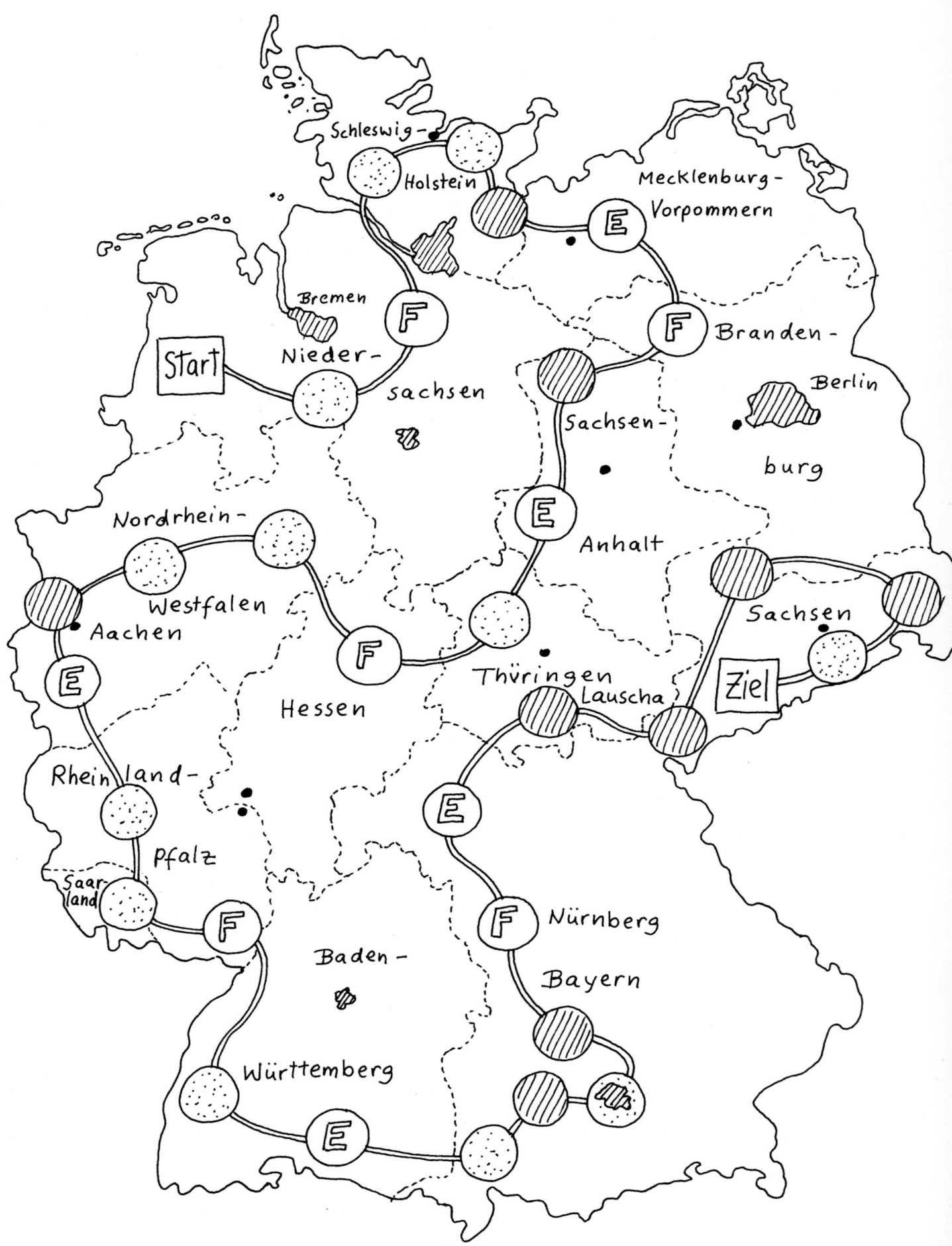

Der Heilige Nikolaus

Am 6.12. feiern wir jedes Jahr Nikolaus. Kleine Kinder glauben, dass in der Nacht der Nikolaus kommt und ihnen Süßigkeiten und kleine Geschenke bringt. Woher kommt diese Tradition? Gab es den Nikolaus wirklich? Diese Fragen werden in den folgenden Texten beantwortet.

Arbeitsauftrag

- Lies dir beide Texte durch.

- Entscheide dich für deine Lieblingsgeschichte.

- Nimm dir das Blatt. Falte es längs in der Mitte und schneide es am Knick durch.

- Schneide die Textabschnitte deiner Lieblingsgeschichte aus und klebe sie in die entsprechenden Text-Felder.

- Klebe die Bilder dazu und male sie an.

- Klebe die Streifen zusammen. Falte daraus ein Leporello.

- Male vorn ein schönes Deckblatt.

- Bitte deine Lehrerin oder deinen Lehrer um ein Band und binde dein Leporello zu einem Päckchen zusammen. Nun kannst du es am Nikolaustag verschenken.

Text 1

**① ** Vor sehr langer Zeit (im Jahr 270) lebte in Patras eine reiche und fromme Kaufmannsfamilie. Sie hatten einen Sohn. Den nannten sie Nikolaus. Der Name bedeutet so viel wie „der das Böse besiegt und Gutes tut". Die Eltern lehrten ihren Sohn, Gutes zu tun und armen Menschen zu helfen. Als Nikolaus erwachsen war, wurde er Priester. Kurz darauf starben seine Eltern und hinterließen ihm ein großes Vermögen. Nikolaus teilte im Laufe seines Lebens den ganzen Reichtum mit den Armen.

**② ** Als Nikolaus eines Abends an einem Haus vorbeikam, hörte er einen armen Mann klagen. Dieser hatte drei Töchter. Da die Familie so arm geworden war, wollte keiner die drei jungen Frauen heiraten. Als die Not so groß war, dass der Vater nicht mehr wusste, was die Familie am nächsten Tag essen sollte, wollte er seine Töchter wie Bettlerinnen auf die Straße schicken. Die Töchter waren verzweifelt.

**③ ** Nikolaus hatte alles mitgehört. In der folgenden Nacht band er drei Goldklumpen in ein Tuch und warf es der Familie heimlich durch das Fenster. Am nächsten Morgen war der Vater überglücklich. Er musste seine Töchter nicht mehr wegschicken. Sie waren gerettet.

Birte Stratmann/Nicole Weber: Lernwerkstatt: Weihnachten
© Persen Verlag

Bilder zum Text 1

①

②

③

Text 2

① Vor sehr langer Zeit (im Jahr 270) lebte in Patras eine reiche und fromme Kaufmannsfamilie. Sie hatten einen Sohn. Den nannten sie Nikolaus. Der Name bedeutet so viel wie „der das Böse besiegt und Gutes tut". Die Eltern lehrten ihren Sohn, Gutes zu tun und armen Menschen zu helfen. Als Nikolaus erwachsen war, wurde er Priester. Kurz darauf starben seine Eltern und hinterließen ihm ein großes Vermögen. Nikolaus teilte im Laufe seines Lebens den ganzen Reichtum mit den Armen.

② Nikolaus verkaufte bald sein Elternhaus und ging in die Hafenstadt Myra. Dort gründete er eine Gemeinde. Bald kamen viele Männer und Frauen zu ihm. Er hielt Gottesdienste, las aus der Bibel vor, betete mit den Menschen und erzählte auch den Kindern von Gott. Dabei half er den armen Menschen so gut er konnte. Nikolaus war dadurch sehr bekannt und beliebt. Als der alte Bischof starb, wurde Nikolaus zum Bischof gewählt.
Eines Sommers herrschte in Myra eine große Hungersnot. Es war so heiß, dass die Ernte vertrocknete. Alle Vorräte waren aufgebraucht. Die Menschen litten fürchterlich. Eines Tages liefen in den Hafen Schiffe vom Kaiser ein, die mit Weizen voll beladen waren.

③ Bischof Nikolaus ging zu den Seeleuten und bat sie um Korn für die hungernden Menschen. Die Männer lehnten ab. Sie hatten die Anweisung, dass kein Korn fehlen durfte. Da befahl ihnen Bischof Nikolaus: „Tut, was ich euch sage, und vertraut auf Gott. Der Kaiser wird davon keinen Schaden haben."
Nikolaus verteilte das Korn in der ganzen Stadt und auf dem Land, damit alle satt wurden.
Ängstlich fuhren die Seeleute zurück zum Kaiser. Sie fürchteten böse Strafen. Aber als im Hafen das Getreide abgemessen wurde, fehlte kein einziges Korn. Es breitete sich große Freude aus und die Menschen lobten Gott und den Bischof Nikolaus.

Bilder zu Text 2

①

②

③

In der Bibel nachschlagen: Die Weihnachtsgeschichte

Sicherlich weißt du schon, dass die Bibel in zwei große Abschnitte unterteilt ist. Das Alte Testament steht im ersten Teil der Bibel und das Neue Testament im zweiten. Die Jesus-Geschichten findest du im Neuen Testament. Sie wurden dort von vier Männern, die wir Evangelisten nennen, aufgeschrieben. Gleich am Anfang des Neuen Testaments steht das Matthäus-Evangelium. Dann kommt das Evangelium nach Markus, als Nächstes folgt das Lukas-Evangelium und am Schluss steht das Johannes-Evangelium.

Die bekannteste Weihnachtsgeschichte steht im Lukas-Evangelium.

1. Arbeitsauftrag

- Nimm dir eine Bibel (möglichst eine Luther-Bibel) und schlage die Geschichte über Jesu Geburt bei Lukas nach.
- Bearbeite die Arbeitsblätter und vervollständige die Satzanfänge. Schreibe nur die angegebenen Verse ab!

2. Arbeitsauftrag

Wähle dir nun die Bilder aus und klebe zu jeder herausgesuchten Textstelle das passende Bild. Male das Bild an.

Hinweis:
Diese Aufgaben können die Kinder auch in einer Gruppenarbeit erledigen. Die einzelnen Abschnitte können den Schülern zerschnitten gegeben werden. Nachdem jeder seinen Abschnitt nachgeschlagen hat, müssen sie die Reihenfolge richtig zusammenfügen und die Zusatzaufgaben beantworten.

Die Weihnachtsgeschichte

Die Ankündigung der Geburt Jesu

Der Engel Gottes kam zu Maria.
Und der Engel sprach zu Maria: Fürchte dich nicht, Maria, du hast Gnade bei Gott gefunden.

(Lukas 1, 31): _____
_____
_____
_____

Jesus Geburt

Es begab sich aber zu der Zeit, dass ein Gebot von Kaiser Augustus ausging, dass alle Welt geschätzt würde. Und jedermann ging, dass er sich schätzen ließe, ein jeder in seine Stadt. Da machte sich auf auch Josef aus Galiläa zur Stadt Davids, die da heißt Bethlehem,

(Lukas 2, 5): _____
_____
_____
_____

Und als sie dort waren, kam die Zeit, dass sie gebären sollte.

(Lukas 2, 7): _____
_____
_____
_____

Und es waren Hirten in derselben Gegend auf dem Feld bei den Hürden, die hüteten des Nachts ihre Herde. Und der Engel des Herrn trat zu ihnen, und sie fürchteten sich sehr.

(Lukas 2, 10–14): _____

_____

_____

_____

_____

Und alsbald war da der Engelchor und lobte Gott. Und als die Engel von ihnen gen Himmel fuhren, sprachen die Hirten untereinander: Lasst uns nun gehen nach Bethlehem und die Geschichte sehen, die da geschehen ist, die uns der Herr kundgetan hat.

(Lukas 2, 16–17 und Lukas 2, 20): _____

_____

_____

_____

_____

_____

Zusatzauftrag

Beantworte mit deinem Arbeitsblatt folgende Fragen:

1. Der Engel Gottes gab Maria vor, wie das Kind heißen sollte. Welchen Namen sollte das Baby bekommen?

2. Wie hieß der Kaiser, der die Bevölkerung zur Zählung/Schätzung aufrief?

3. In welche Stadt musste Josef mit Maria gehen, um sich schätzen zu lassen?

4. Wohin legte Maria ihr neugeborenes Baby?

5. Die Engel sagten den Hirten, dass Jesus geboren sei. Welche Namen gaben sie ihm?

6. Was machten (bzw. sagten) die Hirten auf dem Heimweg?

Lösung

Die Ankündigung der Geburt Jesu

Der Engel Gottes kam zu Maria.
Und der Engel sprach zu Maria: Fürchte dich nicht, Maria, du hast Gnade bei Gott gefunden.
(Lukas 1, 31) *Siehe, du wirst schwanger werden und einen Sohn gebären, und du sollst ihm den Namen Jesus geben.*

Jesus Geburt

Es begab sich aber zu der Zeit, dass ein Gebot von Kaiser Augustus ausging, dass alle Welt geschätzt würde. Und jedermann ging, dass er sich schätzen ließe, ein jeder in seine Stadt.
Da machte sich auf auch Josef aus Galiläa zur Stadt Davids, die da heißt Bethlehem, (Lukas 2, 5) *damit er sich schätzen ließe mit Maria, seinem vertrauten Weibe; die war schwanger.*

Und als sie dort waren, kam die Zeit, dass sie gebären sollte.
(Lukas 2, 7) *Und sie gebar ihren ersten Sohn und wickelte ihn in Windeln und legte ihn in eine Krippe; denn sie hatten sonst keinen Raum in der Herberge.*

Und es waren Hirten in derselben Gegend auf dem Feld bei den Hürden, die hüteten des Nachts ihre Herde. Und der Engel des Herrn trat zu ihnen, und sie fürchteten sich sehr.
(Lukas 2, 10–14) *Und der Engel sprach zu ihnen: Fürchtet euch nicht! Siehe, ich verkündige euch eine große Freude, die allem Volk widerfahren wird; denn euch ist heute der Heiland geboren, welcher ist Christus, der Herr, in der Stadt Davids. Und habt zum Zeichen: ihr werdet finden das Kind in Windeln gewickelt und in einer Krippe liegen. Und alsbald war da bei dem Engel die Menge der himmlischen Heerscharen, die lobten Gott und sprachen: Ehre sei Gott in der Höhe und Friede auf Erden bei den Menschen seines Wohlgefallens.*

Und alsbald war da der Engelchor und lobte Gott. Und als die Engel von ihnen gen Himmel fuhren, sprachen die Hirten untereinander: Lasst uns nun gehen nach Bethlehem und die Geschichte sehen, die da geschehen ist, die uns der Herr kundgetan hat.
(Lukas 2, 16–17 und Lukas 2, 20) *Und sie kamen eilend und fanden beide, Maria und Josef, dazu das Kind in der Krippe liegend. Als sie es aber gesehen hatten, breiteten sie das Wort aus, das zu ihnen von diesem Kind gesagt wurde.*
Und die Hirten kehrten wieder um, priesen und lobten Gott für alles, was sie gehört und gesehen hatten, wie denn zu ihnen gesagt war.

Lösung

1. Der Engel Gottes gab Maria vor, wie das Kind heißen sollte. Welchen Namen sollte das Baby bekommen?
   Jesus

2. Wie hieß der Kaiser, der die Bevölkerung zur Zählung/Schätzung aufrief?
   Kaiser Augustus

3. In welche Stadt musste Josef mit Maria gehen, um sich schätzen zu lassen?
   Nach Bethlehem.

4. Wohin legte Maria ihr neugeborenes Baby?
   In eine Krippe.

5. Die Engel sagten den Hirten, dass Jesus geboren sei. Welche Namen gaben sie ihm?
   Sie nannten ihn Heiland, Christus und Herr.

6. Was machten (bzw. sagten) die Hirten auf dem Heimweg?
   Sie priesen und lobten Gott für alles, was sie gehört und gesehen hatten.

Die Heiligen Drei Könige – Dreikönigssingen

Dreikönigssingen

Ihr wisst aus der Weihnachtsgeschichte der Bibel, dass drei weise Männer (die Heiligen Drei Könige) nach Bethlehem kamen, um Jesus zu besuchen und ihn zu ehren. Der 6. Januar wurde als der Tag festgelegt, an dem die Könige bei Jesus eintrafen.

Jedes Jahr am 6. Januar wird der Dreikönigstag begangen. An diesem Tag findet seit 1959 in der katholischen Kirche eine Aktion statt, bei der Kinder für Not leidende Kinder Geld sammeln. Zu diesem Zweck verkleiden sich die Kinder als die Heiligen Drei Könige, gehen von Haus zu Haus, sammeln Geld, singen Lieder und segnen die Häuser. Dabei werden an den Türrahmen die Jahreszahl und die Anfangsbuchstaben C+M+B geschrieben. Das bedeutet „Christus Mansionem Benedicat" und heißt „Christus segne dieses Haus."

Das Dreikönigssingen ist über die Jahre zu der weltweit größten Spendenaktion von Kindern für Kinder geworden. Jedes Jahr kannst du vom Dreikönigssingen auch in der Zeitung lesen.

Hunderte Könige bei der Kanzlerin in Berlin

Am Vortag des Dreikönigstages brachten die Sternsinger ihren traditionellen Segen schon einmal ins Bundeskanzleramt.

Über 100 junge Sternsingerinnen und Sternsinger waren stellvertretend für ihre 500.000 Mitstreiter in ganz Deutschland ins Kanzleramt gekommen. Unter dem Motto für 2011 „Kinder zeigen Stärke" wollen die Sternsinger für Kinder mit Behinderungen in Afrika, Lateinamerika, Asien und Osteuropa Spenden erbitten. Im vergangenen Jahr war es ihnen gelungen, mehr als 40 Millionen Euro zu sammeln.

Auch die Kanzlerin ging nicht leer aus. Die Sternsinger überreichten ihr kleine Geschenke wie Kerzen oder Bücher. Die Regierungschefin würdigte das Engagement der Kinder und Jugendlichen mit den Worten: „Ihr zeigt, dass ihr im Zeichen des Sterns viel bewegen könnt." Gerade Kinder hätten es in anderen Teilen der Erde viel schwerer als bei uns, ganz besonders Kinder mit Behinderungen. Dann sang die Kanzlerin mit den Kindern noch mehrere Lieder und übergab ihnen ihre Spende.

Arbeitsauftrag

- Sammelt am 5. und 6. Januar verschiedene aktuelle Zeitungsartikel, in denen über das Dreikönigssingen berichtet wird.
- Beantworte die Fragen auf einem Blatt.

1. An welchem Tag ist der Dreikönigstag?
   _____

2. Was machen viele katholische Kinder und Jugendliche an diesem Tag?
   _____

3. Was schreiben die Sternsinger an den Türrahmen?
   _____

4. Was bedeutet die Abkürzung C+M+B? (Schreibe zunächst die lateinischen Wörter und dann die deutsche Bedeutung auf.)
   _____

5. Wie viele Sternsinger besuchen jedes Jahr das Bundeskanzleramt?
   _____

6. Wie viele Kinder sammeln als Sternsinger jedes Jahr Spenden?
   _____

7. Jährlich werden um die _____ Millionen Euro Spenden gesammelt.

8. Wie hieß das Motto der Sternsingeraktion von 2011?
   _____

9. Wie heißt das aktuelle Motto in diesem Jahr?
   _____

10. Die Spenden waren für behinderte Kinder in folgenden Ländern bestimmt. Wo leben die Kinder?
    _____

11. Was hältst du von der Sternsingeraktion? Schreibe deine Meinung auf.
    _____

12. Möchtest du auch einmal als Sternsinger Geld für bedürftige Kinder sammeln? (Begründe deine Meinung in einigen Sätzen.)
    _____
    _____
    _____

Antworten zum Text: Dreikönigssingen

1. An welchem Tag ist der Dreikönigstag?
   Der Dreikönigstag ist am 6. Januar.

2. Was machen viele katholische Kinder und Jugendliche an diesem Tag?
   Sie ziehen verkleidet als die Heiligen Drei Könige durch die Straßen, singen, sammeln Geld für bedürftige Kinder und schreiben einen Segen an den Türrahmen.

3. Was schreiben die Sternsinger an den Türrahmen?
   Sie schreiben die Jahreszahl und C+M+B an den Türrahmen.

4. Was bedeutet die Abkürzung C+M+B? (Schreibe zunächst die lateinischen Wörter und dann die deutsche Bedeutung auf.)
   Christus Mansionem Benedicat – das heißt: Christus segne dieses Haus.

5. Wie viele Sternsinger besuchen jedes Jahr das Bundeskanzleramt?
   Etwa 100 Sternsinger besuchen jedes Jahr das Bundeskanzleramt.

6. Wie viele Kinder sammeln als Sternsinger jedes Jahr Spenden?
   Ca. 500 000 Kinder sammeln jedes Jahr als Sternsinger Spenden.

7. Jährlich werden um die *40* Millionen Euro Spenden gesammelt.

8. Wie hieß das Motto der Sternsingeraktion von 2011?
   „Kinder zeigen Stärke".

9. Aktuelles Motto in diesem Jahr: _____

10. Die Spenden waren für behinderte Kinder in folgenden Ländern bestimmt. Wo leben die Kinder?
    Afrika, Lateinamerika, Asien und Osteuropa.

Geschenke: Pro und contra

Arbeitsauftrag

- Lies dir zuerst die Geschichte durch.
- Beantworte anschließend die Fragen zum Text auf einem Blatt.

Die Weihnachtsüberraschung

Torge wohnte mit seiner Mutter in einer kleinen Wohnung in der Wichernstraße. Sie hatten eine Küche, ein Badezimmer, ein Wohnzimmer, in dem seine Mutter schlief und Torge hatte ein kleines Zimmer für sich allein. Ja, andere Kinder wohnten etwas großzügiger, manche hatten sogar einen eigenen Fernseher in ihrem Zimmer. Mama und Torge hatten keinen Fernseher. Aber das störte Torge nur dann, wenn ihn die Kinder in der Schule fragten, wie ihm gestern Abend die Dino-Serie gefallen hätte. Manchmal flunkerte er dann und sagte „Gut" oder „Nicht übel." Dann war die Sache gegessen. Mama und er brauchten keinen Fernseher. Mama war nämlich die weltbeste Geschichtenerzählerin. Jeden Abend kam sie in sein Zimmer, setzte sich auf sein Bett und erzählte die tollsten Geschichten. Torge hatte seine Mutter sehr gern und seine Mutter hatte Torge sehr gern.

Torges Mutter ging früh aus dem Haus, um zu arbeiten. Sie verdiente nicht viel, aber es reichte für die beiden. Manchmal gingen beide in die Stadt und spielten Einkaufen. Dann zogen sie sich Dinge an, die sie sich nie hätten kaufen können. Wenn eine Verkäuferin kam, musste einer immer sagen: „Nein, das steht dir gar nicht. Zieh es bitte wieder aus."

Drei Wochen vor Weihnachten waren Torge und Mama wieder einmal in der Stadt und spielten dieses Spiel. Mama hatte sich einen Schal umgebunden und sah wunderschön aus. Sie ließ den Schal mehrmals durch ihre Hände gleiten. Dann schaute sie in ihr Portemonnaie, schüttelte den Kopf, legte den schönen Schal wieder zurück und kaufte Torge die Schulhefte, die er am nächsten Tag mit zur Schule bringen sollte.

Mama hätte den Schal gerne gehabt. Soviel war sicher. An diesem Abend fasste Torge einen Entschluss. Er wollte Mama den Schal zu Weihnachten kaufen. Er konnte lange nicht einschlafen, weil er überlegte, wie er so viel Geld zusammenbringen sollte. Plötzlich hatte er eine Idee. Er würde in der Stadt Flöte spielen, einen kleinen Hut vor seine Füße legen und nicht eher aufhören, bis er das Geld zusammen hätte.

Am nächsten Tag kramte er gleich nach der Schule seine Flöte unter dem Bett hervor und versuchte „Ihr Kinderlein kommet" und „Alle Jahre wieder" zu flöten. Es klang schrecklich. Immer wieder schlichen sich falsche Töne ein. Er übte und übte. Dann nahm er all seinen Mut zusammen und ging mit seiner Flöte und dem kleinen Hut in die Stadt.

Auf dem Weg kamen ihm schon die ersten Zweifel. Was sollte er machen, wenn er sich wieder verspielen würde. Würden die Leute ihn auslachen? Er suchte lange nach einem geeigneten Plätzchen, an dem er stehen konnte. In ihm stieg so etwas wie Panik auf. Dann dachte Torge daran, wie Mama sich über den Schal freuen würde. Er kämpfte mit sich.

Gerade als er die Flöte probehalber aus seinem Ärmel gleiten ließ, sah er fünf Häuser weiter zwei Mädchen aus seiner Klasse. Sofort sauste die Flöte wie von selbst wieder in den Ärmel zurück. Die

Birte Stratmann/Nicole Weber: Lernwerkstatt: Weihnachten
© Persen Verlag

beiden würden sich über ihn totlachen und jedem erzählen, dass er in der Stadt gebettelt hätte. Torge verließ der Mut. Langsam schlich er nach Hause zurück, warf sich auf sein Bett und weinte. Er hatte keine Lust mehr auf Weihnachten. Er hätte seiner Mutter so gerne eine besondere Freude gemacht. Die Tage vergingen und das Weihnachtsfest kam immer näher. Torge war das gar nicht recht. Er war vermutlich das einzige Kind, das Weihnachten gerne nach hinten verschoben hätte. Als er am letzten Tag vor den Weihnachtsferien mit Tom über den Schulhof ging, fragte Tom plötzlich: „Was schenkst du eigentlich deiner Mutter zu Weihnachten?" Torge hustete und verschluckte sich fast an seinem Pausenbrot. Dann sagte er: „Einen Schal." Huch! Nun war es raus. Jetzt konnte er nicht mehr zurück. Er hatte einem Zeugen erzählt, dass er seiner Mutter diesen Schal schenken würde. Nun musste er es auch wirklich tun.

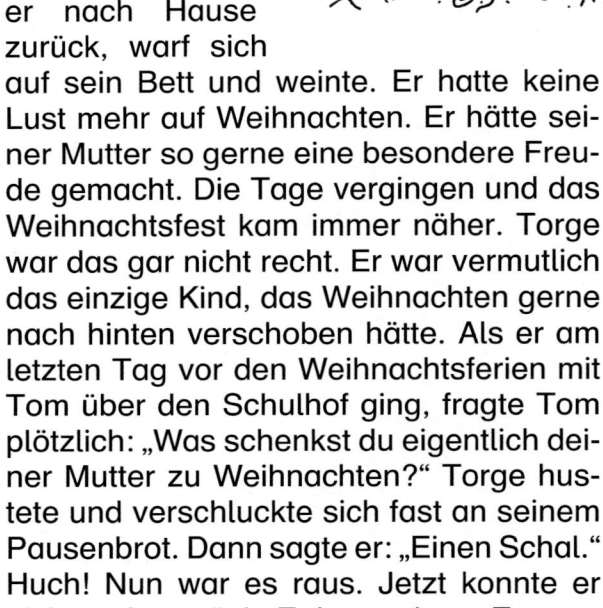

Am Nachmittag schlich Torge wieder in die Stadt. Er durfte sich nicht noch einmal von seiner Angst kleinkriegen lassen. Dann flötete Torge mit zitternden Knien beide Lieder, immer abwechselnd, mit vielen falschen Tönen. Aber er spielte und sammelte für seine Mutter. Selten warf ihm jemand 10 oder 20 Cent in den Schlapphut. Torge flötete ununterbrochen, seine Hände wurden immer kälter. Die Füße ebenfalls.
Als die Finger sich kaum noch bewegen wollten, bemerkte Torge, dass ein alter Mann ihn beobachtete. Er setzte die Flöte ab. Der alte Mann kam näher und sagte: „Du erinnerst mich an einen kleinen Jungen, der vor vielen Jahren hier Akkordeon gespielt hat. Er konnte das große Instrument kaum halten. Außerdem klemmte eine Taste, sodass sich alles ziemlich schräg anhörte. Trotzdem spielte der Junge tapfer das eine Lied, das er sich selbst beigebracht hatte. Von dem gesammelten Geld kaufte er etwas zu essen für seine Mutter und die fünf Geschwister. Es waren schlechte Zeiten. Der schlimme Krieg war gerade vorbei und die Familie hungerte. Doch einmal, kurz vor Weihnachten, behielt er etwas von dem erspielten Geld und kaufte für seine Mutter eine Tasse. Kannst du dir vorstellen, wie sehr sie sich darüber gefreut hat?" Torge nickte nur schüchtern. „Ja, und der kleine Junge war ich. Das ist alles schon lange her. Komm, hier hast du 10 Euro. Ich habe mich damals sehr über einen guten Tageslohn gefreut. Kauf dir was Schönes!"
Torge konnte es kaum fassen. Er dankte dem Mann, schnappte sich das Geld und lief in das Geschäft, in dem es den schönen Schal gab. Die Verkäuferin wickelte den Schal in buntes Weihnachtspapier und klebte noch eine Schleife oben auf das Päckchen. Torge war glücklich.
Als er aus dem Geschäft kam, sah er den alten Mann auf einer Bank sitzen. Er lief zu ihm, setzte sich, knibbelte das Päckchen ein bisschen auf und zeigte dem Mann den Schal. „Den habe ich für meine Mutter zu Weihnachten gekauft", sagte Torge. Der Mann lächelte und antwortete: „Na, da kann ich mir ganz genau vorstellen, wie sehr sie sich freuen wird."

Birte Stratmann

Fragen zum Text: Die Weihnachtsüberraschung

1. Wie wohnt Torge?
2. Torge und seine Mutter spielen in der Stadt ein Spiel. Wie geht es? Schreibe die „Spielregel" auf.
3. Torges Mutter sieht etwas, was sie gern haben möchte. Was ist es?
4. Sie kauft sich nicht das Kleidungsstück, das ihr gut gefällt. Was kauft sie stattdessen?
5. Torge hat eine Idee. Was hat er vor?
6. Wie will Torge das Geld für das Geschenk seiner Mutter sammeln?
7. Welche Lieder übt er ein?
8. Warum spielt Torge beim ersten Mal nicht in der Stadt?
9. Warum geht Torge doch noch einmal in die Stadt, um Flöte zu spielen?
10. Wer beobachtet Torge beim Flöten?
11. Torge setzt die Flöte ab. Der alte Mann kommt mit ihm ins Gespräch und erzählt von früher. Welches Instrument spielte der Junge, von dem der alte Mann berichtet?
12. Für wen sammelte der Junge das Geld?
13. Was kaufte er für die Familie von dem Geld?
14. Einmal behielt der Junge einen Teil des Geldes. Was kaufte er davon?
15. Wer ist dieser Junge oder warum kennt der alte Mann den Jungen, der Akkordeon spielte?
16. Wie viel Geld legt der alte Mann in Torges Hut?
17. Was kauft Torge von dem Geld?

Antworten zum Text: Die Weihnachtsüberraschung

Wie wohnt Torge?

1. *Torge wohnt mit seiner Mutter in einer kleinen Wohnung. In der Wohnung gibt es eine Küche, ein Wohnzimmer, ein Badezimmer und ein Kinderzimmer. Torges Mutter schläft im Wohnzimmer. Sie besitzen keinen Fernseher.*

2. Torge und seine Mutter spielen in der Stadt ein Spiel. Wie geht es? Schreibe die „Spielregel" auf.

    Sie ziehen sich Kleidungsstücke an, die sie sich nicht leisten können. Wenn eine Verkäuferin kommt, muss einer sagen, dass diese Kleidung nicht die richtige ist. Dann ziehen sie die Sachen wieder aus und probieren etwas anderes an.

3. Torges Mutter sieht etwas, was sie gerne haben möchte. Was ist es?

    Es ist ein Schal.

4. Sie kauft sich nicht das Kleidungsstück, das ihr gut gefällt. Was kauft sie stattdessen?

    Sie kauft Schulhefte für Torge.

5. Torge hat eine Idee. Was hat er vor?

    Er möchte seiner Mutter den Schal zu Weihnachten kaufen.

6. Wie will Torge das Geld für das Geschenk seiner Mutter sammeln?

    Er will in der Stadt Flöte spielen und so Geld für den Schal sammeln.

7. Welche Lieder übt er ein?

    „Alle Jahre wieder" und „Ihr Kinderlein kommet".

8. Warum spielt Torge beim ersten Mal nicht in der Stadt?

    Er sieht zwei Mädchen aus seiner Klasse und hat Angst, dass sie ihn auslachen würden.

9. Warum geht Torge doch noch einmal in die Stadt, um Flöte zu spielen?

   Weil er einem Freund erzählt hat, dass er seiner Mutter einen Schal zu Weihnachten schenken will. Nun muss er seinen Plan in die Tat umsetzen.

10. Wer beobachtet Torge beim Flöten?

    Ein alter Mann.

11. Torge setzt die Flöte ab. Der alte Mann kommt mit ihm ins Gespräch und erzählt von früher. Welches Instrument spielte der Junge, von dem der alte Mann berichtet?

    Er spielte Akkordeon.

12. Für wen sammelte der Junge das Geld?

    Für seine Familie.

13. Was kaufte er für die Familie von dem Geld?

    Er kaufte Nahrungsmittel.

14. Einmal behielt der Junge ein Teil des Geldes. Was kaufte er davon?

    Er kaufte eine Tasse für seine Mutter.

15. Wer ist dieser Junge oder warum kennt der alte Mann den Jungen, der Akkordeon spielte?

    Der alte Mann war der Junge.

16. Wie viel Geld legt der alte Mann in Torges Hut?

    Der Mann legt 10 Euro in den Hut.

17. Was kauft Torge von dem Geld?

    Er kauft den Schal für seine Mutter.

Geschenke: Pro und contra

Umfrage zum Thema „Brauchen wir Geschenke?"

Arbeitsauftrag

- Teilt euch in zwei Gruppen auf: Die „Pro"-Gruppe sucht viele Gründe, warum es gut und wichtig ist, sich Weihnachten zu beschenken. Die „Contra"-Gruppe sucht viele Argumente, warum es nicht so gut ist, sich Weihnachten zu beschenken.

- Schreibt eure Gründe auf kleine Kärtchen. Schaut euch auch das Bild an.

- Tragt nun eure Gründe vor und vertretet eure Meinung.

- Ihr könnt auch eine Umfrage auf dem Schulhof starten und die Meinungen auswerten.

„Ihr Kinderlein kommet" – Boomwhackers

Das Lied „Ihr Kinderlein kommet" ist ein sehr bekanntes Weihnachtslied. Kinder kommen in der Weihnachtszeit häufig mit diesem Lied in Berührung, sei es in der Schule, im Kindergottesdienst oder auch im familiären Kreis. Die Melodie des Liedes ist überwiegend bekannt und eher langsam, sodass sie für das Spielen mit Boomwhackers gut geeignet ist.

Dennoch sollte die Melodie des Liedes bei allen Kindern gut gefestigt sein, bevor mit dem Spielen begonnen wird.

Ein diatonischer Satz (mit Ausnahme von h') Boomwhackers ist notwendig. Besser ist es, wenn für jeden Schüler ein Instrument zur Verfügung steht, sodass alle ins Instrumentalspiel involviert werden. Die Kinder können in einem Halbkreis stehen. Die Töne wandern dann von einem Kind zum anderen. Die Klasse kann auch aufgeteilt werden: ein Teil der Klasse spielt mit den Boomwhackers, ein anderer Teil singt das Lied. Besser klingt es aber, wenn es nur instrumental gespielt wird.

Jedes Kind erhält also einen Boomwhacker, je nach Ton. Nun stellen sich die Kinder so auf, dass sie die Melodie wiedergeben können, wenn sie der Reihe nach ihren Ton spielen. Sie müssen also so stehen, wie es die Noten des Liedes vorgeben. Begonnen wird mit dem grünen Boomwhacker (Ton g'). Auch das nächste Kind erhält wieder einen grünen Boomwhacker. Dann folgt ein Kind mit einem gelben Boomwhacker (Ton e') usw.

Ihr Kinderlein kommet

Ihr Kinderlein, kommet

Text: Christoph von Schmidt
Melodie: Johann Abraham Peter Schulz

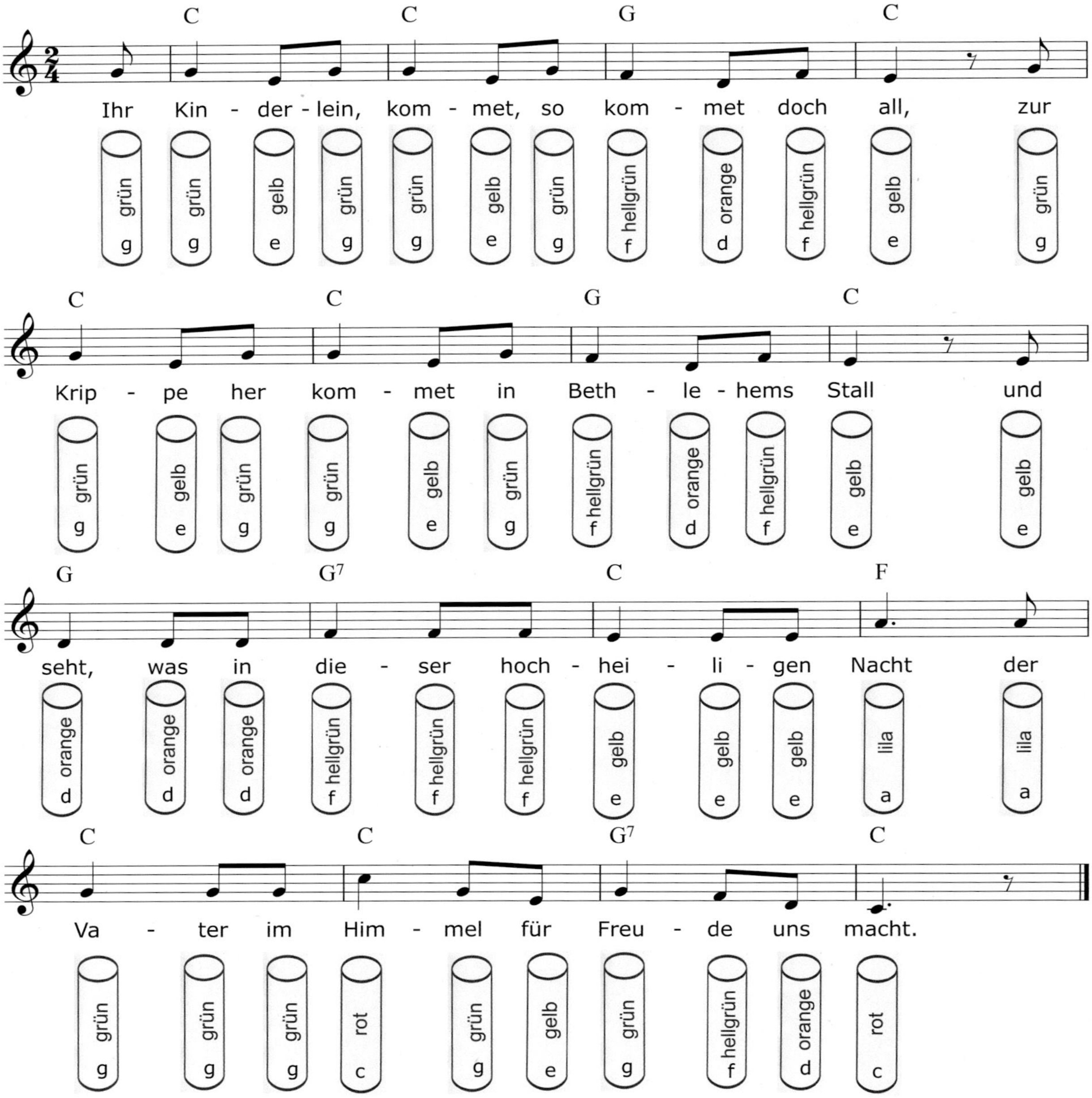

Ihr Kin - der - lein, kom - met, so kom - met doch all, zur
Krip - pe her kom - met in Beth - le - hems Stall und
seht, was in die - ser hoch - hei - li - gen Nacht der
Va - ter im Him - mel für Freu - de uns macht.

Ihr Kinderlein kommet, o kommet doch all,
zur Krippe her kommet in Bethlehems Stall,
und seht, was in dieser hochheiligen Nacht
der Vater im Himmel für Freude uns macht.

O seht in der Krippe, im nächtlichen Stall,
seht hier bei des Lichtleins hell glänzendem Strahl,
in reinlichen Windeln das himmlische Kind,
viel schöner und holder als Englein es sind.

Da liegt es, das Kindlein, auf Heu und auf Stroh,
Maria und Joseph betrachten es froh,
die redlichen Hirten knien betend davor,
hoch oben schwebt jubelnd der Engelein Chor.

O beugt wie die Hirten anbetend die Knie,
erhebet die Hände und danket wie sie!
Stimmt freudig, ihr Kinder – wer wollt sich nicht freun? –
Stimmt freudig zum Jubel der Engel mit ein!

Was geben wir Kinder, was schenken wir dir,
du bestes und liebstes der Kinder, dafür?
Nichts willst du von Schätzen und Reichtum der Welt;
ein Herz nur voll Demut allein dir gefällt.

Klanggeschichte

Arbeitsauftrag

- Lest euch die Geschichte durch.
- Welche Wörter oder Abschnitte lassen sich gut verklanglichen? Unterstreicht diese Wörter.
- Sucht euch nun passende Instrumente dazu aus. Schreibt oder malt die Instrumente neben die Abschnitte.

Anna ist mit ihren Eltern auf einem Weihnachtsmarkt in der Stadt. Gerade als sie durch das große Tor zum Markt gehen, beginnt es zu schneien.

Anna ist begeistert von den vielen Ständen. Sie geht mit ihren Eltern von einem Stand zum nächsten.

An einem Stand bleibt Papa stehen, denn er möchte gerne eins von den auf dem Grillrost zischend bratenden Würstchen haben.

Nachdem sie die leckeren Würstchen verspeist haben, geht es weiter. An einem Stand werden kleine Musikinstrumente verkauft. Anna darf gleich eine Flöte und ein Glockenspiel aus Holz ausprobieren.

Von Weitem hören sie den Weihnachtsmann kommen, da seine Glocke laut ertönt.

Ganz begeistert ist Anna von dem schönen alten Karussell. Es spielt ein sehr bekanntes Weihnachtslied, während es immer wieder seine Runden dreht.

Sie gelangen zu einem Stand, an dem getöpferte Sachen verkauft werden. Doch dann passiert es! Die Verkäuferin will gerade einen ihrer Töpfe vom Regal nehmen, als er ihr aus den Händen gleitet und scheppernd zu Boden fällt. Leider ist die Schale kaputt und sie kann sie nicht mehr verkaufen.

So ein Weihnachtsmarkt strengt ganz schön an. Sie beschließen, sich auf die Bank an der großen Kirche zu setzen, um sich ein paar Minuten auszuruhen.
Auf einmal hören sie eine wunderschöne Melodie: Das Glockenspiel der Kirche hat begonnen. Sie lauschen den Klängen.

„Ich glaube, ich habe genügend weihnachtliche Eindrücke erhalten", sagt Mama. Die Familie macht sich auf den Heimweg und wandert zufrieden durch den Schnee.

Ein Maldiktat

Vorbereitung für den Lehrer:
Kopieren Sie die DIN-A4-Vorlage mit den abgetrennten Feldern sowie die Sternschnuppe und das Viereck auf DIN A3 hoch (möglichst auf ganz hell stellen, damit die Striche der Felder zwar noch zu sehen sind, aber nicht als dicke Linie das Bild unterteilen). Eine Variante zum Maldiktat ist das „Selbstdiktat" Die Schüler lesen das Diktat selbst und malen daraufhin das Bild.

Arbeitsauftrag

Bereite zunächst deinen Arbeitsplatz so gründlich vor, dass du während des Maldiktates nichts mehr organisieren musst!

- Höre dann, wie bei einem Diktat, ganz genau zu, was deine Lehrerin/dein Lehrer vorliest und setze die Informationen auf deinem Blatt um. Die Lehrperson liest den Malauftrag höchstens zweimal vor. Male erst, wenn der Vorleser eine Lesepause macht.
- Male dein Bild dann so, wie du es verstanden hast. Schaue nicht beim Nachbarn ab. Du bist der Künstler und du wirst das Bild gut hinbekommen. Viel Spaß dabei!
- Du benötigst: die Vorlage, auf dem Felder eingezeichnet sind, einen Deckmalkasten (Tuschkasten), Pinsel, ein Wasserglas, Klebstoff, eine Schere und eine Kopie mit einer Sternschnuppe und einem weißen Viereck.

Maldiktat

- Lege das große Blatt senkrecht vor dich hin.
- Male zunächst das linke obere Feld in hellblauer Farbe an.
- Male nun das Feld rechts unten rosa an.
- Male das Feld links unter dem hellblauen Feld lila an.
- Schneide nun den Stern und das Viereck sorgfältig aus.
- Male nun die Fläche unter dem lila Feld bis zum rosa Feld schwarz an.
- Male jetzt das Feld über der rosa Fläche dunkelblau an.
- Male über die schwarze Farbe einen breiten orangefarbenen Streifen, der sowohl an die lilafarbene als auch an die rosafarbene Fläche angrenzt. Lasse die Farben trocknen.
- Klebe die Sternschnuppe so auf, dass der Stern etwa in der Mitte der Blautöne Platz findet und der Schweif bis in die obere rechte Bildecke reicht.
- Male die noch weiße Fläche gelb an. Lasse die Farbe trocknen.
- Klebe zum Schluss mittig über den orangefarbenen Streifen das weiße Viereck.
- Jetzt könnt ihr eure Bilder gegenseitig anschauen oder im Klassenraum aufhängen. Überlegt, was sie mit der Weihnachtsgeschichte zu tun haben.

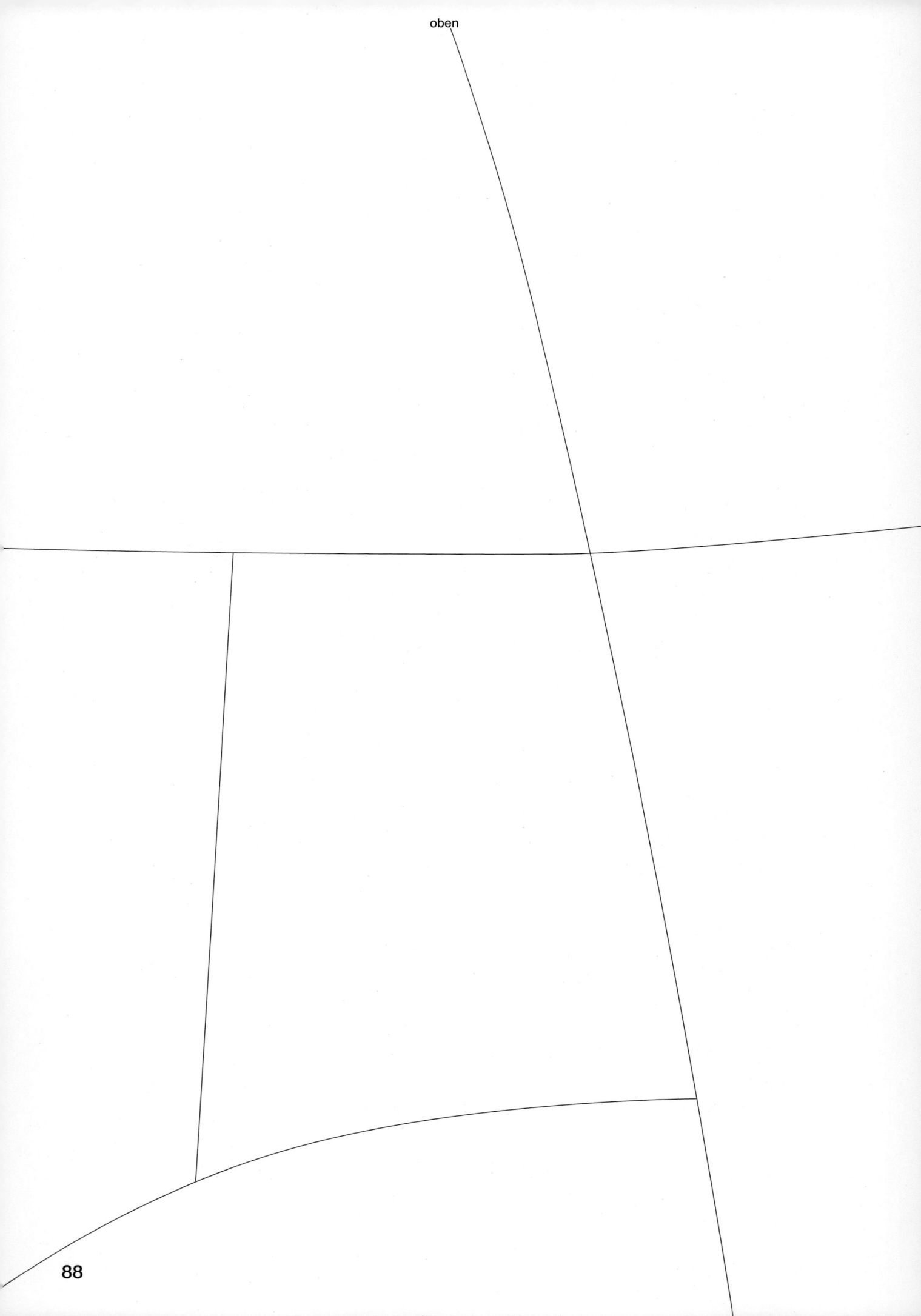

Weihnachtsbaumkugeln

Material:

einen kleinen Luftballon (möglichst einen Wasserbomben-Luftballon), Butterbrotpapier und einfarbiges Geschenkpapier, Kleister, Lametta, Tapeten- und Anstrichfarbe (farblos), einen Faden, eine Luftpumpe zum Aufpusten der kleinen Luftballons, ein Stück Draht zum Befestigen des Fadens oder einen Klecks Heißpistolenkleber

Alternativ kann man auch auf das Lametta verzichten und mit dem Motivlocher Sterne o. Ä. lochen und diese auf die letzte Schicht der Kugel kleben. Dann sollte man als letzte Schicht die Kugel in Tapeten- und Anstrichfarbe (farblos) tauchen, damit die Motive länger auf der Kugel halten.

Arbeitsschritte:

- Puste den kleinen Luftballon mit einer Luftpumpe auf, sodass er die Größe einer Weihnachtsbaumkugel hat.
- Reiße zunächst das Butterbrotpapier in kleine Stücke.
- Um die Kugel möglichst gleichmäßig einzufärben (d. h. zu vermeiden, dass anschließend weiße Reißlinien zu sehen sind), solltest du das farbige Geschenkpapier in kleine Stücke schneiden.
- Klebe zuerst die Butterbrotpapierschnipsel in mehreren Schichten mit dem Kleister auf den Luftballon.
- Klebe als letzte Schicht die Geschenkpapierschnipsel auf deine Kugel.
- Bestreiche deine Kugel erneut mit etwas Kleister und lege das Lametta rund um deine Kugel. Das ist etwas kniffelig, da deine Finger klebrig sind. Nimm dir Zeit für diesen Arbeitsschritt.

  Es ist auch möglich, das Lametta in kleine Stückchen zu zerschneiden und diese in den Kleister einzurühren. Dann kann man ihn auf die Kugel streichen und die Kugel zum Trocknen legen.

- Steche den Luftballon in der Kugel erst dann kaputt, wenn die Kugel ganz trocken ist. Befestige eine kleine Schlaufe aus Draht dort, wo der Knoten gewesen ist, um die Weihnachtsbaumkugel aufhängen zu können.

  Es ist auch möglich, einen Klecks Heißkleber an die Stelle, wo der Luftballonknoten gewesen ist, zu geben und noch im heißen Zustand einen Faden in den Kleber zu legen. Rechts und links sollte dann gleich viel Faden überstehen. Wenn der Kleber trocken ist, kann man die beiden Fadenenden oben zusammenbinden. Aber Achtung! Dabei kann man sich verbrennen. Diese Aufgabe sollte lieber deine Lehrerin oder dein Lehrer übernehmen.

Ein Weihnachtsengel aus Pappmaché

Material:

Tonkarton, Klebstoff oder einen Tacker, Zeitungspapier, Kleister, Plakafarbe oder Plakalack, feste Gold- oder Silberfolie, eine Musterbeutelklammer, einen Schaschlikspieß, eine Styroporkugel, Bast (naturfarben), einen weißen Streifen Stoff als Schal, Stoffmalfarbe oder einen Strickschal (als Meterware in Bastelgeschäften erhältlich), eventuell Gold- oder Silbersterne zur Dekoration des Engelkleides

Hinweis: Um die teuren Styroporkugeln zu umgehen, können die Schüler auch beim Kleistern einen Kopf mitformen, indem sie auf den Schaschlikstab eine aus Zeitungspapier geformte Kugel spießen, die mit weißen Papierschnipseln umklebt wird, bevor der Kopf mit „Hautfarbe" angemalt wird.

Arbeitsschritte:

- Zeichne dir auf den Tonkarton einen Kreis von 22 cm Durchmesser. (Das ist etwa die Größe eines Kuchentellers.) Markiere mit einem Punkt die Mitte und schneide den Kreis aus.

- Schneide den Kreis an einer Stelle vom Kreisrand bis zur Mitte gerade ein. Forme dann einen Kegel aus dem Tonkartonkreis. Klebe oder tackere den Kegel mit einer Klammer zusammen. Aus diesem Kegel wird das Engelkleid.

- Überkleistere den Kegel mit mehreren Schichten Zeitungspapierschnipseln. Lasse das Engelkleid trocken.

- Male das Kleid mit deckender Farbe (Plakalack oder Plakafarbe) an und lasse es wieder trocknen.

- Stecke die Styroporkugel auf einen Schaschlikspieß und male sie mit „Hautfarbe" an.

- Wenn die Kugel getrocknet ist, klebe die Basthaare auf die Styroporkugel und frisiere dem Engel Zöpfe.

- Male ihm ein Gesicht.

- Stecke den Stab mit dem Engelgesicht oben in das Engelkleid und binde ihm einen Schal um, der mit Klebstoff an Hals, Kopf und Engelkleid fixiert wird, damit der Kopf fester sitzt.

- Schneide aus der Goldfolie/Silberfolie Engelflügel und bohre sowohl in die Flügelmitte als auch hinten in Schulterhöhe in das Engelkleid ein kleines Loch. Befestige die Flügel mit einer Musterbeutelklammer am Engel.

- Zur Dekoration kannst du auf das Engelkleid noch Sterne kleben.

Ein Schneemann-Gesicht

Material:

feste Pappe, weiße Wolle, schwarzer Tonkarton, roter oder oranger Filz und eine leere schwarze Filmrolle (bekommt man in Fotogeschäften), die oben ein Loch hat. Mit einem in einer Kerze erhitzten Nagel lässt sich das Loch leicht einbrennen.

Heißklebepistole, Locher

Arbeitsschritte:

- Zeichne auf die feste Pappe einen Kreis mit dem Durchmesser von 8 cm (eine kleine Erbsendose hat etwa diesen Durchmesser). In die Mitte zeichnest du einen zweiten Kreis von 3 cm Durchmesser (ein Zwei-Euro-Stück eignet sich auch als Kreisvorlage). Schneide nun den inneren Kreis zuerst und dann den äußeren Kreis aus. Nutze deine Pappscheibe als Vorlage und fertige dir die gleiche Scheibe noch einmal an.

- Lege beide Scheiben aufeinander und wickele nun die weiße Wolle ganz oft durch das kleine Loch um die Scheiben. Wenn du fertig bist, schneide die Wollfäden rings um die Pappscheiben auf und ziehe dann beide Pappscheiben ein Stück auseinander. Binde einen Faden in der Mitte der beiden Pappstreifen fest um die weiße Wolle. Jetzt kannst du die Pappscheiben abziehen und das Wollbällchen zurechtzupfen.

- Male dir nun auf dem schwarzen Tonkarton einen Kreis mit dem Durchmesser von 6 cm auf und schneide in die Mitte ein kleines Loch (etwa so groß wie ein 10-Cent-Stück). Schneide dann den Kreis aus. Er ist ein Teil des Hutes für deinen Schneemann.

- Bitte nun deine Lehrerin oder deinen Lehrer um eine schwarze Filmrolle, die oben ein kleines Loch hat, und lasse sie dir mit der Heißklebepistole auf den schwarzen Tonkartonkreis kleben. Streiche etwas Klebstoff unten auf den Hut und ziehe den Faden deines weißen Wollballes durch den Hut. Drücke den Hut eine Weile auf den Wollball, bis der Klebstoff getrocknet ist.

- Schneide aus dem Stück Filz ein Dreieck, klebe es zu einer Nase zusammen. Klebe die Nase in den Wollball.

- Nun fehlen nur noch die Augen, die du aus schwarzem Tonpapier mit einem normalen Locher auslochst. Klebe die Augen in das Schneemann-Gesicht.

Weihnachtswürfel
mit Weihnachtswünschen

Arbeitsauftrag

- Schneide den Würfel aus.
- Schreibe auf jede Würfelseite einen netten Spruch, z. B. „Du bist besonders wichtig für mich."
- Du kannst den Würfel einer lieben Person schenken.

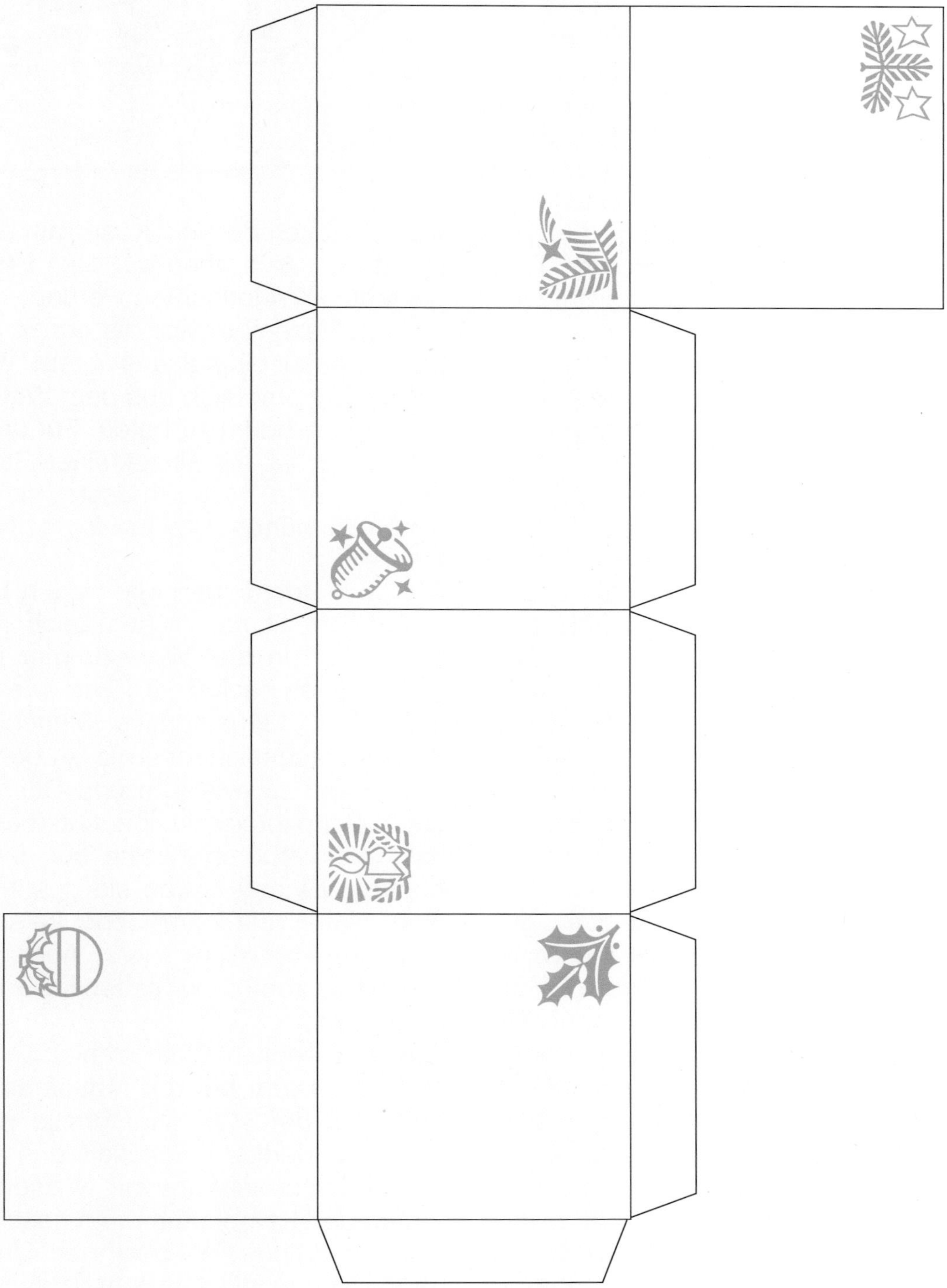

Birte Stratmann/Nicole Weber: Lernwerkstatt: Weihnachten
© Persen Verlag

Adventsstunde: Weihnachtsgeschichten

Weihnachten mit Familie Maus

Familie Maus war erst im November, als die Tage kürzer und kühler wurden, in das kleine Haus am Waldrand eingezogen. Im Haus wohnten Herr und Frau Müller mit ihren zwei Kindern, Kim und Olli. Familie Maus hatte es sich auf dem Boden gemütlich gemacht. Sie zogen in einen alten Pappkarton. Den Boden des Pappkartons hatten die Mäuse mit aussortierten Strampelanzügen von Kim und Olli ausgelegt. Das war besonders flauschig. Als Bett diente Kims Puppenbettchen, der Tisch war eine Schuhcremedose. Das Sofa war früher mal eine Sandale von Frau Müller. Die hatte Mama Maus geschickt ausgepolstert und an den Tisch geschoben.

Familie Maus war natürlich nicht mit leeren Händen eingezogen. Schon im September hatten sie begonnen, Vorräte zu sammeln. In der Mäuseküche gab es Nüsse und Beeren, Getreide und allerlei Köstlichkeiten. Mama Maus hatte die besten Sachen für Weihnachten aufgespart. Dann und wann wagte sich Papa Maus runter in die Wohnung der Familie Müller, um ein paar Leckerbissen zu organisieren. Kurz vor Weihnachten gab es bei den Menschen besonders gute Lebensmittel. Frau Müller hatte Plätzchen gebacken. Ihr Duft zog durch das ganze Haus, sodass den Mäuschen auf dem Boden das Wasser im Mund zusammenlief. Meistens ging Papa Maus nachts, wenn die Menschen schliefen, auf seine Beutezüge. (Es war nämlich lebensgefährlich, von den Menschen erwischt zu werden.) Eine Kostprobe der duftenden Kekse lag noch auf dem bunten Teller, als Papa Maus gegen 3 Uhr nachts unterwegs war. Genau die richtige Menge, um eine Mäusefamilie glücklich zu machen, dachte Papa Maus und stopfte alles in sein Körbchen. Er bediente sich noch von der guten Wurst und nahm etwas Schokolade und Käse mit. So, nun konnte es auch oben auf dem Boden für die Mäuse Weihnachten werden.

Am 23. Dezember war die ganze Mäusefamilie noch einmal aus ihrem Versteck gekommen, um sich aus dem Wald einen Weihnachtsbaum zu holen. Für uns Menschen war es ein klitzekleiner Steckling, aber Familie Maus musste sich ganz schön abmühen, um ihn in ihr Heim zu zerren.

Auf dem Dachboden gab es ein Loch im Fußboden. Durch dieses Loch konnten die Mäuse in das Wohnzimmer der Familie Müller gucken. Es war wie fernsehen für die Mäusefamilie. Manchmal saßen alle Mäusekinder um das Loch herum und sahen zu, wie Kim und Olli sich um einen Schokoladenweihnachtsmann stritten oder verbotenerweise auf dem Sofa hüpften. Einmal hatten sie gesehen, wie Herr Müller mit dem Schaukelstuhl zusammengebrochen war. Aber solche Highlights kamen nur selten im Gucklochprogramm.

Nun war endlich Weihnachten. Natürlich gab es sowohl bei der Mäusefamilie als auch bei der Menschenfamilie noch einiges zu erledigen. Familie Maus hatte ihren Weihnachtsbaum mit Nüssen, Stoffresten und Kerzenstummeln geschmückt. Nun konnte das Fest beginnen. Unten trudelten schon die Großeltern zum Weih-

nachtsfest ein, als Mäusekind Mini wieder einmal durch das Guckloch schaute und den herrlichen Weihnachtsbaum der Menschen sah. Besonders begeistert war Mini von den wunderhübschen Lamettastreifen, die im Schein des Kerzenlichtes entzückend glitzerten. „Papa", rief Mini Maus, „Papa, ich möchte auch solche Lamettastreifen an unserem Weihnachtsbaum haben! Kannst du bitte noch einmal zu den Menschen gehen und ein bisschen davon holen?" „Nein", rief Mama Maus. „Ausgeschlossen. Das Risiko ist viel zu groß. Alle Menschen sind wach, sitzen im Wohnzimmer und schauen auf den Weihnachtsbaum. Sie würden Papa entdecken und ihn jagen. Nein, das ist unmöglich. Schlag dir die Sache aus dem Kopf." „Bitte, bitte", bettelte Mini, aber Papa war von der Idee auch nicht so angetan.

Unten hatte sich die Familie gerade zum Kaffeetrinken an den Wohnzimmertisch gesetzt, als plötzlich ein kleines Mäusekind seinen Popo durch das Guckloch quetschte – die Beinchen und das Mauseschwänzchen baumelten schon in der Luft. Vorsichtig ließ sich Mini noch ein Stück nach unten gleiten. Gleich müssten seine Füße die Tannenbaumspitze berühren. Dann würde das Mäusekind sich blitzschnell etwas von dem Lametta greifen und mit einem gekonnten Sprung wieder im Guckloch verschwinden. So der Plan! Aber gerade, als Mini die pieksigen Tannennadeln unter ihren Zehen spüren konnte, passierte es. Mama Müller schrie wie aufgespießt: „Eine Maus!" Dann brach das Chaos aus. Während die meisten Menschen auf das Sofa sprangen, um sich in Sicherheit zu bringen, stürzte sich Papa Müller auf den Weihnachtsbaum, um Mini zu erwischen. Mini ruderte wie verrückt mit den Beinen und wollte ihren Plan ändern, auf das Lametta verzichten und sich wieder nach oben ziehen, doch ihre Ärmchen waren einfach zu schwach für diesen Klimmzug. Da rauschte Papa Müller auch schon in den Weihnachtsbaum und stürzte mit ihm zu Boden. Mini konnte sich nicht mehr halten und fiel von oben auf Papa Müllers Bauch. Mama Müller kreischte nur noch. Überall hing nun das gute Lametta. Die Familie war in heller Aufregung. Nicht anders ging es Familie Maus, die gemeinsam am Guckloch saß und panische Angst um das Leben von Mini Maus hatte. Es gab nur eine Lösung: Papa Maus musste sich ebenfalls in die Gefahr begeben. Vielleicht könnte Mini dann über das offene Fenster entkommen und an der Regenrinne wieder auf den Boden klettern. Mini rannte wie von der Tarantel gestochen im Weihnachtszimmer hin und her. Auf sie stürzten sich die Männer der Familie, während die Frauen am Rande eines Nervenzusammenbruchs waren. Als Papa Maus auch noch in den Ring ging, kippte Mama Müller um. Kurze Zeit später konnte sich Mini tatsächlich durch den Fensterspalt quetschen und entkam mit klopfendem Herzen in die Freiheit. Papa Maus musste noch einige Runden im chaotischen Weihnachtszimmer drehen, bevor er sich mit einem gekonnten Sprung vom Wohnzimmerschrank aus durch das Guckloch nach oben retten konnte.

Unten lichtete sich nur nach und nach das Durcheinander. Mama Maus nahm ihre Lieben mit klopfendem Herzen in die Arme. Dann schrieb sie etwas auf ein Schild und quetschte dieses durch das Guckloch. Unten las Olli das Schild vor. „Entschuldigung. Wir kommen bestimmt nicht noch einmal nach unten. Wünschen trotzdem frohe Weihnachten. Familie Maus vom Dachboden." Mama japste nach Luft. Noch fünfzig Jahre später erzählte man sich bei der Familie Müller von diesem Weihnachtsfest.

Birte Stratmann

Weihnachtspäckchen auf der Landstraße

Was wir im letzten Jahr zu Weihnachten erlebt haben, war unglaublich.
Am besten, ich fange von vorne an. Eigentlich kommen meine Großeltern Weihnachten immer zu uns, um bei uns die Feiertage zu verbringen. In diesem Jahr war alles anders. Mama hatte sich ihr Bein gebrochen und deshalb luden uns Oma und Opa ein, bei ihnen zu feiern. Wir verstauten alle Geschenke, den Kuchen und eine große Schale Kartoffelsalat im Auto und machten uns am 24.12. auf den Weg. Unsere Stimmung war bestens. Wir sangen die Weihnachtslieder im Radio mit – mein Bruder und ich freuten uns schon riesig auf die Bescherung. Plötzlich tauchte vor uns ein Lkw auf, der im rasanten Tempo über die Landstraße sauste.

„Wie fährt der denn? Das kann doch nicht gut gehen", meinte mein Vater. Kurz darauf schnitt der Lkw-Fahrer die nächste Kurve, verlor fast die Kontrolle über sein Fahrzeug und schlingerte über den Bordstein. Dabei flog die hintere Tür auf und jede Menge hübsch verpackter Weihnachtspäckchen kullerten auf die Straße. Papa bremste, Mama schrie und wir hielten die Luft an. Wir kamen kurz vor den Päckchen zum Stehen. „Na bitte", sagte Papa, „ich habe es ja gleich gesagt! Das konnte nicht gut gehen. Alle Mann aussteigen, hier muss geholfen werden." Das ließen wir uns nicht zwei Mal sagen. Mein Bruder und ich hüpften aus der Tür. Nur meine Mutter blieb mit ihrem Gipsbein im Auto sitzen. Aus der Fahrertür sprang, glücklicherweise unbeschadet, der Weihnachtsmann (natürlich war es nicht der echte). „Na, Herr Weihnachtsmann, sie haben es aber eilig", sagte mein Vater lachend. Doch dieser Weihnachtsmann schien nicht zu Scherzen aufgelegt. Mürrisch rannte er nach hinten und warf die Päckchen eilig in den Lkw. „Keine Angst", meinte mein Vater, „wir helfen Ihnen. Sie werden noch pünktlich zur Bescherung kommen, guter Mann." Wir warfen die Pakete so schnell es ging in den Lkw und hatten unseren Spaß. Der „Weihnachtsmann" verstand überhaupt keinen Spaß und erwähnte nicht mit einem Wort, dass es ja ganz nett sei, dass wir ihm helfen würden. Ich fand, er hatte seinen Beruf verfehlt. Plötzlich klingelte mein Handy. Es war meine Mutter, die merkwürdigerweise auf dem Autositz ganz nach unten gerutscht war und panisch flüsterte: „Kommt sofort wieder ins Auto! Ich habe gerade im Radio gehört, dass dieser Lkw gestohlen wurde. Schnell!" Ich überlegte eine halbe Sekunde. Dann wusste ich, was ich zu tun hatte. Papa, mein Bruder und der „Weihnachtsmann" warfen eifrig die Pakete in den Lkw. Mama konnte es nicht mehr aushalten. Sie rief aus unserem Auto: „Kommt jetzt, wir müssen weiter, sonst kommen wir zu spät zur Bescherung." Doch Papa antwortete seelenruhig: „Na, wir lassen doch an so einem Tag den Weihnachtsmann nicht im Stich. Es sind nur noch wenige Päckchen, die schaffen wir auch noch." Ich konnte sehen, wie Mama blass wurde. Langsam fing es an zu schneien. Wir arbeiteten weiter, bis alle Pakete wieder an Ort und Stelle waren. Dann verabschiedeten wir uns von dem „Weihnachtsmann". Papa gab ihm noch den guten Ratschlag, schön langsam weiterzufahren. Zu viel Eile wäre nicht gesund und würde auch nichts bringen. Der „Weihnachtsmann" rückte seinen Bart zurecht und murmelte so etwas wie „Danke". „Na dann, frohe Weihnachten", rief Papa, als wir ins Auto stiegen. Kaum saßen wir, hatte Mama, die wirklich nicht mehr gut aussah, die Zentralverriegelung hinuntergedrückt und befahl Papa: „Fahr los, so schnell du kannst!" Papa guckte sie von der Seite an und meinte: „Wohin Eile führt, haben wir gerade gesehen. Wir kommen noch pünktlich zum ersten Gottesdienst. Immer schön ruhig bleiben." Dann fuhren wir am „Weihnachtsmann" vorbei, winkten noch einmal und kamen viel zu spät zum ersten Gottesdienst. Denn

Mama berichtete uns sofort von dem Lkw-Raub und dass der Täter gefährlich sei. Nun bekam es auch Papa mit der Angst zu tun. Aber jetzt kam meine Stunde. „Keine Aufregung", sagte ich, „der kann uns so schnell nicht verfolgen. Ich habe ihm nämlich den Schlüssel abgenommen." Nach Mamas Anruf hatte ich mich zum Führerhaus des Lkws geschlichen und heimlich den Schlüssel abgezogen. Alle waren so beschäftigt, dass keiner mich bemerkte. Wir fuhren sofort zur nächsten Polizeistation, erzählen was geschehen war und gaben den Schlüssel ab. Auf der Polizeiwache waren alle mächtig stolz auf mich. Ich durfte mich neben den Polizisten stellen, den Schlüssel hochhalten und dann machten sie ein Foto von uns. In diesem Jahr gingen wir erst in den 23.00-Uhr-Gottesdienst. Gott sei Dank war uns nichts passiert.

Nach Weihnachten fanden wir in der Zeitung mein Bild und Mama las den Artikel vor, der unter dem Foto stand.

(Es ist möglich, die Weihnachtsgeschichte an dieser Stelle zu beenden und gegebenenfalls die Schüler aufzufordern, den Zeitungsartikel für die oben gehörte oder gelesene Geschichte selbstständig zu verfassen.)

Beispiel für einen Zeitungsartikel:

Junge stoppt geraubten Lkw
Dieses Jahr am Heiligen Abend gelang es dem mutigen Tim W. aus Oldenburg gegen 14.00 Uhr, Diebesgut im Wert von 20 000 Euro sicherzustellen. Der Junge hatte mit seiner Familie dem Dieb, der als Weihnachtsmann verkleidet war, nach einem Unfall geholfen, die herausgefallenen Pakete wieder in den Lkw zu verstauen. Als er von seiner Mutter, die im Auto Nachrichten gehört hatte, über Handy informiert wurde, dass es sich um einen Raubüberfall handelte, gelang es ihm, unbemerkt ins Führerhaus zu steigen und den Schlüssel abzuziehen. Die Familie konnte unbeschadet die Fahrt fortsetzen, während die Polizei den zu Fuß flüchtenden Dieb kurze Zeit später stoppen konnte.

Birte Stratmann

Kommt, wir gehen mit nach Bethlehem

Einige Kinder sitzen neben dem Weihnachtsbaum. Sie haben ein Buch, eine Keksdose und einen gebastelten Stern bei sich.

1. Kind: Nun ist schon bald Weihnachten. Habt ihr alles fertig fürs Fest?

2. Kind: Ja, ich muss nur noch einen Faden an den Stern binden.

3. Kind: Unsere selbst gebackenen Weihnachtskekse sind soooo lecker! Probier mal!

4. Kind: Mein Gedicht kann ich auch schon ganz gut. Oma und Opa freuen sich immer, wenn ich etwas aufsage.

1. Kind: Es ist doch auch echt schön, Weihnachten ganz besonders zu feiern. Gemütlich bei Tee und Keksen.

3. Kind: Mit Kerzen, Tannengrün und Weihnachtsbaum.

4. Kind: Mit Liedern, Gedichten und Geschichten.

2. Kind: Mit Basteleien und tollem Essen.

1. Kind: Und mit Geschenken!!!

3. Kind: Ja, es ist eben eine ganz besondere Geburtstagsfeier.

4. Kind: Na, es ist ja auch der Geburtstag eines ganz besonderen Menschen …

2. Kind: … der vor ca. 2000 Jahren geboren wurde …

1. Kind: … und auf den die Menschen damals lange und sehnsüchtig gewartet hatten, …

3. Kind: … weil es ihnen schlecht ging. Sie besaßen nicht viel und der Kaiser in Rom war kein freundlicher Kaiser für sie.

2. Kind: Schon vor langer Zeit war den Menschen damals ein Helfer und Retter versprochen worden.

1. Kind: Der dann ja auch kam, aber erst mal überhaupt nicht auffällig war, wir könnten sagen, ohne viel Trara und ganz arm und bescheiden.

4. Kind: Und als kleines Kind, als Baby.

1. Kind: Hier, guckt mal, in meinem Buch steht die ganze Geschichte von der Geburt des Jesuskindes.

Die Kinder schauen in das Buch.

1. Kind: Da sind ja auch Bilder. Da kann man sich das richtig vorstellen.

2. Kind: Hier, das ist Maria.

Maria kommt auf die Bühne.

1. Kind:	Guckt mal, da kommt ein Engel zu Maria.

Der Engel tritt dazu.

1. Engel:	Maria, du wirst bald ein Baby bekommen. Es wird ein besonderes Kind sein, nämlich Jesus, der den Menschen als Helfer und Retter versprochen ist.
Maria	*bekommt einen Schrecken, sie antwortet erstaunt:* Ich, eine arme Frau, soll die Mutter von Jesus werden? Das kann ich mir gar nicht denken. Aber wenn Gott es so will, dann soll es auch so sein.
2. Kind	*zeigt in das Buch:* Hier erzählt Maria ihrem Mann Josef vom Besuch des Engels.

Josef kommt auf die Bühne.

Maria:	Josef, stell dir vor, ein Engel war bei mir und hat gesagt, dass ich die Mutter von Jesus sein werde. Von dem Jesus, den Gott als Retter schicken will.
Josef:	Wenn es Gottes Wille ist, dann werden wir uns dem fügen.

Lied (evtl. „Macht die Türen auf …")

3. Kind:	So ganz problemlos ging das aber alles nicht. Da war eine Anordnung des Kaisers. Er befahl eine Volkszählung.
Verwalter	*mit Papierrolle in der Hand:* Befehl des Kaisers: Jeder muss in seine Geburtsstadt gehen und sich dort in die Steuerlisten eintragen. Befehl des Kaisers!
1. Kind:	Josef musste also mit Maria nach Bethlehem reisen. Das war gar nicht so einfach, ohne Auto, ohne Flugzeug. Sie mussten laufen, einen langen Weg.

Josef und Maria laufen umher.

Maria:	Ich kann nicht mehr. Ist es noch weit bis nach Bethlehem?
Josef:	Dort hinten sind schon die Häuser zu sehen. Komm, bald haben wir es geschafft.
2. Kind:	Als sie endlich in Bethlehem ankamen, suchten sie nach einer Übernachtungsmöglichkeit.
3. Kind:	Das war gar nicht so einfach, denn viele Menschen waren zur Volkszählung gekommen.
Maria:	Josef, ich bin müde. Lass uns in das Gasthaus gehen.

Birte Stratmann/Nicole Weber: Lernwerkstatt: Weihnachten
© Persen Verlag

Josef:	Ja, ich frage nach einem Zimmer.

Josef klopft an eine Tür.

Wirt:	Was wollt ihr noch so spät?
Josef:	Guten Abend, wir sind weit gereist und suchen noch ein Zimmer für die Nacht.
1. Wirt:	Das tut uns leid. Hier ist alles belegt. Geht weiter. So spät noch hier zu klopfen … und sicherlich habt ihr gar kein Geld.
Josef:	Ich klopfe an der nächsten Tür an.
2. Wirt:	Was wollt ihr?
Josef:	Guten Abend, wir kommen von weit her. Wir waren den ganzen Tag unterwegs und suchen ein Zimmer für die Nacht.
2. Wirt:	Wir haben keinen Platz mehr.
Maria:	Ich glaube, mein Kind kommt heute Nacht zur Welt.
Josef:	Ist denn nicht noch ein ganz kleines Zimmer frei?
2. Wirt:	Hier nicht. Aber da hinten auf dem Feld ist ein Schafstall, da könnt ihr bleiben. Ich hole euch noch eine Decke. Nehmt die mit.
Maria:	Danke!
Josef:	Komm, wir gehen weiter.

Maria und Josef gehen zum Stall.

3. Kind:	Maria und Josef kommen beim Stall an. Es ist stockfinster. Die Schafe schlafen auf dem Feld, die Hirten halten Wache.
Maria:	Hier im Stall ist es schön warm, lass uns hierbleiben.
Josef:	Ja, setz dich hin, mach es dir bequem und nimm die Decke.
4. Kind:	In diesem einfachen Stall wird Jesus geboren.
2. Kind:	Maria wickelt das Jesuskind in Tücher.
1. Kind:	Weil sie kein Kinderbett und keinen Kinderwagen haben, legt Maria das Jesuskind zum Schlafen in eine Futterkrippe.

Maria legt das Kind in eine Futterkrippe. Währenddessen wird die Sternschnuppe sichtbar.

3. Kind:	Hier auf diesem Bild sieht man jetzt einen großen hellen Stern über dem Stall.
2. Kind:	Das ist das Zeichen, dass Jesus geboren ist.
1. Kind:	Dann ist ja jetzt der Retter da, ein Baby!

Lied (z. B. „Ihr Kinderlein kommet")

3. Kind:	Schaut, auf dem nächsten Bild sehe ich die Hirten, arme Menschen, schlechte Kleidung, niemand mag sie.
4. Kind:	Der helle Stern leuchtet.
2. Kind:	Es ist nicht mehr dunkel auf dem Feld.
3. Kind:	Aber die Hirten haben Angst.
1. Hirte	*zeigt zum Stern:* He, schaut mal! Was ist da los? Es ist auf einmal so hell da drüben.
2. Hirte:	Was soll das denn bedeuten?
3. Hirte:	Mir ist unheimlich.
4. Hirte:	Was kann das nur sein?
1. Kind:	Guckt mal! Es kommen wieder Engel.

Engel kommen zu den Hirten. Die Hirten zittern vor Angst.

1. Engel:	Ihr Hirten, ihr braucht keine Angst zu haben. Wir haben eine gute Nachricht für euch. Jesus, euer Retter und Helfer, ist geboren!
2. Engel:	Er liegt als ganz kleines Kind in einer Futterkrippe im Stall.
3. Engel:	Freut euch.

Lied (z. B. „Wacht auf und schlaft nicht mehr")

2. Kind:	Auf diesem Bild sieht man, dass den Hirten ein gehöriger Schrecken durch die Glieder gefahren ist.
3. Kind:	Sie konnten das alles nicht so richtig verstehen.
1. Hirte:	Habt ihr das verstanden?
2. Hirte:	So richtig nicht.
3. Hirte:	Ich kann nicht glauben, dass Jesus gerade hier bei uns Hirten geboren wurde.
1. Hirte:	Und dass wir es als Erste erfahren, obwohl viele Menschen uns nicht leiden können.
3. Hirte:	Das ist ein Zeichen für die große Liebe Gottes, dass Jesus bei uns geboren ist. Er ist unser Helfer und Retter, unser König.

2. Hirte: Darum sollten wir sofort hingehen zum Stall und danken, dass Jesus da ist. Kommt!

Die Hirten gehen zum Stall und knien nieder.

1. Kind: Oh, hier ist noch ein schönes Bild.

2. Kind: Drei Männer, vornehm gekleidet.

4. Kind: Das sind die Sterndeuter, die den Himmel genau beobachten.

1. Sterndeuter: Schaut mal, da ist ein ganz neuer Stern. Er scheint besonders hell. So etwas habe ich noch nie gesehen.

2. Sterndeuter: Das ist ein ganz besonderer Stern. Das bedeutet etwas.

3. Sterndeuter: Dann ist da irgendwo der König geboren, von dem schon so lange die Rede ist.

1. Sterndeuter: Das sollten wir uns genauer ansehen.

2. Sterndeuter: Hier, nehmt die Geschenke: Gold, Weihrauch und Myrrhe.

3. Sterndeuter: Kommt, wir folgen dem Stern. Er zeigt uns den Weg.

Die Sterndeuter gehen zur Krippe, legen die Geschenke ab und knien nieder.

1. Kind: Das ist die Geschichte von Jesu Geburt, Weihnachten.

3. Kind: Hirten und Sterndeuter sind zuerst bei der Krippe.

4. Kind: Eigentlich könnten wir doch auch hingehen.

2. Kind: Ja, los, wir gehen mit nach Bethlehem zur Krippe!

Die Kinder nehmen die Keksdose und den Stern, gehen zur Krippe, legen die Geschenke ab und knien nieder.

Abschluss: Lied (z. B. „Feliz Navidad")

(Text von Ingeborg Meyer, Grundschullehrerin aus Wiesmoor, nach Ideen von Schülerinnen und Schülern)

Weihnachtsfeier: Weihnachtsmarkt in der Schule

Wie wäre es, wenn Sie einmal eine Weihnachtsfeier mit der ganzen Schule feiern würden? Diese Weihnachtsfeier könnte Inhalte dieses Buches lebendig werden lassen, indem Schüler ihre Arbeiten präsentieren, zum Verkauf anbieten oder Einstudiertes vortragen. Dabei sind sie zeitweise Weihnachtsmarkt-Verkäufer, Karussellbetreiber, Sänger oder Schauspieler und zeitweise Weihnachtsmarktbesucher.

Verwandeln Sie für diese besondere Weihnachtsfeier Ihre Schule in einen Weihnachtsmarkt.

Jede Klasse könnte in ihrem Klassenzimmer einen Stand anbieten, zum Beispiel einen Bonbon-Stand und einen Rote-Äpfel-Stand, einen Popcorn-Stand, einen Stand mit Lebkuchenherzen (Rezept siehe Fachbereich Mathe – mit Zuckerstiften könnte der Name der Kinder auf die Herzen geschrieben werden), einen Stand mit selbst gebackenen Keksen, einen Waffel-Stand, einen Stand mit heißen Getränken (Kakao, Kinderpunsch, Tee, Kaffee), einen Stand, an dem bereits fertige Kekse (z. B. große Tannenbaumkekse) verziert werden könnten, einen Stand mit selbst gebastelten Weihnachtsbaumkugeln, Engeln oder Schneemannköpfen (siehe Fachbereich Werken und Textil). In einem Klassenraum könnten lesestarke Schüler Märchen oder Geschichten vorlesen.

In der Turnhalle könnten Spiel-Stände aufgebaut werden, z. B. eine Schiffsschaukel aus Schlitten (Schlitten werden an den Ringen befestigt, Kinder schwingen hin und her. Achtung: Boden mit Matten auslegen und je einen Schüler zum Anschubsen einteilen), Pony-Kutschfahrten (Schüler „reiten" auf Steckenpferden und ziehen Rollwagen mit einem umgedrehten Kasten hinter sich her). Ein Stand könnte Dosenwerfen anbieten.

In der Pausenhalle könnte zu bestimmten Zeiten musiziert werden (siehe Fachbereich Musik), ein Krippenspiel (siehe Krippenspielvorschlag in diesem Buch) vorgeführt, Gedichte (siehe Fachbereich Deutsch) aufgesagt werden oder ein Kaspertheater vorgetragen werden.

Ablauf eines Gottesdienstes: Die Heiligen Drei Könige oder Engel

Der Stern von Bethlehem

Erzähler: Weit im Osten, wo die Sonne aufgeht, lebten vor langer Zeit drei Sterndeuter. Sie hießen Melchior, Kaspar und Balthasar und waren weise und kluge Männer.

Sterndeuter kommen auf die Bühne.

Erzähler: Mit ihren Fernrohren beobachteten sie jede Nacht den Himmel.

Sterndeuter schauen mit den Fernrohren in den Zuschauerraum, zeigen in den Sternenhimmel und tun so, als ob sie sich leise unterhalten.

Erzähler: Sie kannten jedes Sternbild und jeden Stern. Sie wussten, wann er aufging und wann er unterging und was sein Lauf bedeutete. Eines Nachts, als sie wieder zum Himmel aufschauten, entdeckten sie einen neuen Stern, der strahlte heller als alle anderen Sterne.

Melchior *ruft begeistert:* Was für ein wundervoller Stern! Das muss ein Königsstern sein. Gewiss ist irgendwo ein neuer König geboren.

Kaspar: Dieser Stern ist prächtiger und heller als alle anderen Königssterne. Der König, der heute Nacht geboren wurde, muss ein ganz besonderer König sein. Es ist bestimmt ein König von Gott. Wenn er erwachsen ist, wird er Frieden auf der Erde schaffen. Er wird die Traurigen fröhlich machen, den Hungernden zu essen geben und den Kranken helfen.

Balthasar: Ihr habt Recht, also los! Worauf warten wir noch? Wir wollen das Königskind suchen, vor ihm niederknien und es anbeten. Der helle Stern wird uns den Weg zum Kind weisen.

Sterndeuter gehen auf der Bühne zum Stand des Kamelhändlers.

Erzähler: Sofort begannen sie, die Reise vorzubereiten. Als Erstes gingen sie zu einem Kamelhändler und besorgten sich Kamele als Reittiere.

Kamelhändler: Habt ihr euch das gut überlegt? Seid ihr sicher, dass euch der Stern wirklich zu einem Königskind führt? Es gibt immer wieder neue, helle Sterne am Himmel, aber nicht alle führen zu einem Königskind. Habt ihr keine Angst, dass ihr euch verirrt und nie mehr nach Hause zurückfindet?

Melchior: Nein, wir sind sicher, dass Gott uns den richtigen Weg zeigen wird.

Kamelhändler zuckt mit den Schultern und schüttelt den Kopf.

Kamelhändler: Ich würde es nicht tun. Hoffentlich geht alles gut. Ihr müsst es ja wissen. Hier habt ihr die drei besten Kamele, die ich besitze. Sie können lange Strecken ohne Pause reiten und benötigen nur selten Wasser. Sie sind kräftig und können schnell laufen.

Könige schauen sich die Kamele genau an und streicheln ihnen über die Stirn.

Kaspar: Vielen Dank. Die nehmen wir.

Die Könige geben dem Kamelhändler das Geld, bekommen die Kamele und gehen weiter zum Geschenkehändler, schauen sich die Geschenke an, schnuppern am Weihrauch, streichen sich etwas Myrrhe auf die Haut und riechen ebenfalls daran.

Erzähler: Dann kauften die Sterndeuter kostbare Geschenke: Weihrauch, Myrrhe und Gold. Diese Gaben wollten sie dem Königskind mitbringen. Doch der Händler machte ein verständnisloses Gesicht, als er hörte, für wen die Geschenke sein sollten.

Händler: Nur um ein Kind anzubeten, wollt ihr so eine weite Reise machen? Überlegt doch einmal, wie beschwerlich und gefährlich das ist. Bleibt doch besser hier! Hier seid ihr in Sicherheit und habt es bequem. Das Kind können andere Leute anbeten.

Balthasar: Nein, wir wollen das Kind unbedingt mit eigenen Augen sehen. Wir wollen es anbeten, denn wir glauben, dass es ein besonderes Kind ist. Ein Kind von Gott.

Händler: Dann kann ich euch nur Glück wünschen.

Die Könige bezahlen und nehmen ihre Geschenke.

Erzähler: Die Sterndeuter sattelten ihre Kamele. Sie verpackten die kostbaren Geschenke und ritten los. Es war eine lange und schwere Reise.

Sterndeuter gehen mit ihren bepackten Kamelen auf der Bühne im Kreis.

Erzähler: Manchmal kamen die Könige ins Zweifeln.

Melchior: Wie lange werden wir noch unterwegs sein?

Kaspar: Werden wir jemals ankommen?

Balthasar: Wollen wir nicht besser umdrehen?

Erzähler:	Aber der Stern strahlte so schön und hell, dass sie immer weiter ritten. Und dann, eines Nachts, blieb er endlich stehen, genau über einem Stall. Die Sterndeuter stoppten sofort ihre Kamele.

Maria und Josef platzieren sich mit dem Jesuskind in einer Ecke der Bühne

Kaspar:	Seht euch das an, der Stern steht still! Wir sind am Ziel! Halleluja! Wir haben es doch geschafft!
Balthasar:	Was für eine Freude! Aber seht doch, der Stern steht direkt über diesem kleinen Stall! Glaubt ihr, dass Gottes Kind in so einem armseligen Stall zur Welt gekommen ist?
Kaspar:	Kommt, lasst uns nachsehen, ob das Kind hier ist. Der Stern wird sich sicherlich nicht irren.
Erzähler:	Die drei Sterndeuter nahmen die Geschenke und traten vorsichtig in den Stall. Tatsächlich – in der Futterkrippe sahen sie das Kind. Es hieß Jesus. Leise setzten sie sich neben die Eltern und beteten es an. Es war ein armes Kind. Es kam nicht in einem Palast zur Welt, sondern in diesem kleinen Stall. Doch die Sterndeuter waren glücklich. Melchior flüsterte leise:
Melchior:	Dieses Kind wird ein guter König werden. Ein König, der auch an die Armen denkt.
Erzähler:	Die drei Sterndeuter dankten Gott. Sie waren am Ziel. Die weite Reise hatte sich sehr gelohnt.

Kostüme und Requisiten

Die Könige benötigen Kronen, die aus Pappe hergestellt werden können. Beklebt mit goldenen Knöpfen, Glitzerklebstoff und buntem Dekomaterial sehen sie wirkungsvoll aus. Zusätzlich können die Könige einen Umhang tragen.

Die Händler benötigen lediglich einen einfachen Umhang aus Stoff. Es genügt, wenn man (je nach Größe des Kindes) eine ca. 2 m lange Stoffbahn in der Mitte knickt, ein Loch für den Kopf herausschneidet und einen Gürtel um die Taille bindet. Um die Händler orientalischer wirken zu lassen, wäre es günstig, ihnen einen Turban zu wickeln.

Maria und Josef können ähnlich einfach gekleidet werden wie die Händler. Das Jesuskind kann eine Puppe sein, die in ein Windeltuch gewickelt ist.

Kamele lassen sich relativ leicht herstellen, indem man braune oder graue Socken mit Watte ausstopft, diese über einen Besenstil stülpt, sie unten mit einem festen Klebestreifen anklebt und die Schnauze mit einem Strick abbindet. Dieser kann gleichzeitig als Zügel dienen. Filzohren und Wackelaugen werden zum Schluss befestigt (siehe Foto).

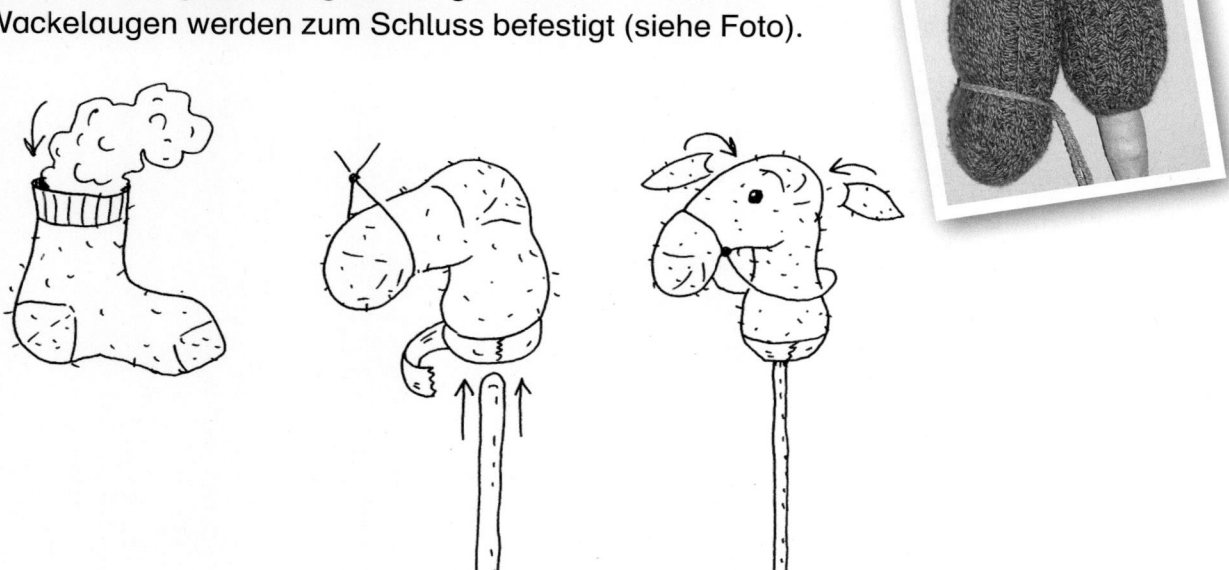

Die Stände der Händler lassen sich schnell aufbauen, indem auf einen Schultisch ein zweiter gestellt wird. Der obere Tisch kann mit einem Tuch überworfen werden. Das gibt dem Stand den Charakter eines Markttisches.

Sollten Sie das Theaterstück für einen Gottesdienst vorbereiten, finden Sie hier weitere Vorschläge zur Gottesdienstgestaltung:

Gebetsvorschlag oder kurze Besinnung nach dem Theaterstück

Sie haben es geschafft! Die Sterndeuter sind doch noch bei dem Kind angekommen und sie waren sich einig: Jesus zu suchen lohnt sich! Auch auf unserer eigenen Suche nach Jesus werden wir von Gott begleitet. Man benötigt manchmal schon etwas Mut, wenn man sich auf die Suche macht, um Jesus zu finden. Die Händler in der Geschichte raten von dieser Reise ab. Aber die Sterndeuter lassen sich nicht einschüchtern. Sie sind überzeugt davon, dass es gut und richtig ist, Jesus zu suchen.
In der Weihnachtsgeschichte leitet Gott die Menschen durch seinen Stern. Möge Gottes Stern euch durch die Weihnachtsfeiertage und im kommenden Jahr leiten und es möglich machen, dass auch ihr zu Weihnachten Jesus findet.

Vorschläge für ein Gedicht, einen Tanz und Lieder, die zur Thematik „Weihnachtsstern" passen

Gedicht
Der Weihnachtsstern

Von Osten strahlt ein Stern herein
mit wunderbarem hellem Schein,
es naht, es naht ein himmlisch Licht,
das sich in tausend Strahlen bricht!
Ihr Sternlein auf dem dunklen Blau,
die all ihr schmückt des Himmels Bau,
zieht euch zurück vor diesem Schein.
Ihr werdet alle winzig klein!
Verbergt euch, Sonnenlicht und Mond,
die ihr so stolz am Himmel thront!
Er naht, er naht sich von fern –
vom Osten her – der Weihnachtsstern!

Franz von Pocci (1807–1876)

Lieder

„Stern über Bethlehem"
„Wir haben seinen Stern geseh'n"

Tanz

Sternentanz (siehe Lernwerkstatt Weihnachten Klasse 1–2)

Besinnung vor dem Gottesdienst bzw. vor der Weihnachtsfeier

Der Raum sollte abgedunkelt sein. Zu einer stimmungsvollen Musik können Schüler mit Taschenlampen an die Decke leuchten und die Lichtkegel sich kreuzen und kreisen lassen.

Weihnachtssuchsel

Arbeitsauftrag

- In diesem Buchstabengitter sind viele Weihnachtswörter versteckt.
- Kannst du alle 16 Wörter entdecken? Markiere und schreibe sie auf.
- Kontrolliere mit der Lösung.

S	T	R	O	H	S	T	E	R	N	E	A	O	W
R	N	E	P	Q	X	Y	B	J	L	P	D	J	E
W	N	M	E	L	C	H	I	O	R	L	V	K	I
E	D	A	Q	T	H	N	V	S	C	P	E	K	H
I	B	H	S	T	O	L	L	E	N	U	N	N	N
H	V	C	X	A	Y	J	K	F	M	N	T	U	A
N	I	K	O	L	A	U	S	M	E	W	S	S	C
A	D	F	R	T	Z	H	J	K	L	O	Z	P	H
C	W	Q	G	E	S	C	H	E	N	K	E	E	T
H	Y	K	X	C	B	B	N	G	F	R	I	R	S
T	L	R	G	Q	R	X	B	M	H	F	T	H	M
S	A	I	Q	A	A	S	F	K	J	L	N	Ä	A
S	M	P	L	Ä	T	Z	C	H	E	N	V	U	R
T	E	P	L	P	A	O	I	U	S	Z	T	S	K
E	T	E	J	X	P	A	E	G	U	N	U	C	T
R	T	Y	C	Q	F	S	H	B	S	M	L	H	J
N	A	Z	A	R	E	T	H	A	D	F	V	E	C
Q	W	R	T	Z	L	U	K	J	B	Y	X	N	V

_____
_____
_____
_____
_____
_____

Lösung zum Weihnachtssuchsel:

S	T	R	O	H	S	T	E	R	N	E	A	O	W
R	N	E	P	Q	X	Y	B	J	L	P	D	J	E
W	N	M	E	L	C	H	I	O	R	L	V	K	I
E	D	A	Q	T	H	N	V	S	C	P	E	K	H
I	B	H	S	T	O	L	L	E	N	U	N	N	N
H	V	C	X	A	Y	J	K	F	M	N	T	U	A
N	I	K	O	L	A	U	S	M	E	W	S	S	C
A	D	F	R	T	Z	H	J	K	L	O	Z	P	H
C	W	Q	G	E	S	C	H	E	N	K	E	E	T
H	Y	K	X	C	B	B	N	G	F	R	I	R	S
T	L	R	G	Q	R	X	B	M	H	F	T	H	M
S	A	I	Q	A	A	S	F	K	J	L	N	Ä	A
S	M	P	L	Ä	T	Z	C	H	E	N	V	U	R
T	E	P	L	P	A	O	I	U	S	Z	T	S	K
E	T	E	J	X	P	A	E	G	U	N	U	C	T
R	T	Y	C	Q	F	S	H	B	S	M	L	H	J
N	A	Z	A	R	E	T	H	A	D	F	V	E	C
Q	W	R	T	Z	L	U	K	J	B	Y	X	N	V

Birte Stratmann/Nicole Weber: Lernwerkstatt: Weihnachten
© Persen Verlag

Weihnachtsrätsel

Löse das Rätsel und schreibe das Lösungswort auf.

① Weihnachten feiern wir die ... Jesu.
② Wie hieß die Mutter von Jesus?
③ Wen schmücken wir für Heiligabend? Den ...
④ Wie heißt die Zeit vor Weihnachten?
⑤ Die Zeit vor Weihnachten ist eine be……… Zeit.
⑥ In der Kirche wird ein ………… aufgeführt.
⑦ Auf ihm lassen sich vier Kerzen finden.
⑧ Der ... -Duft erfüllt das ganze Haus.
⑨ Wer verkündete den Hirten die Geburt Jesu? Ein ...
⑩ Einer der Heiligen Drei Könige.
⑪ Liste mit deinen Weihnachtswünschen.

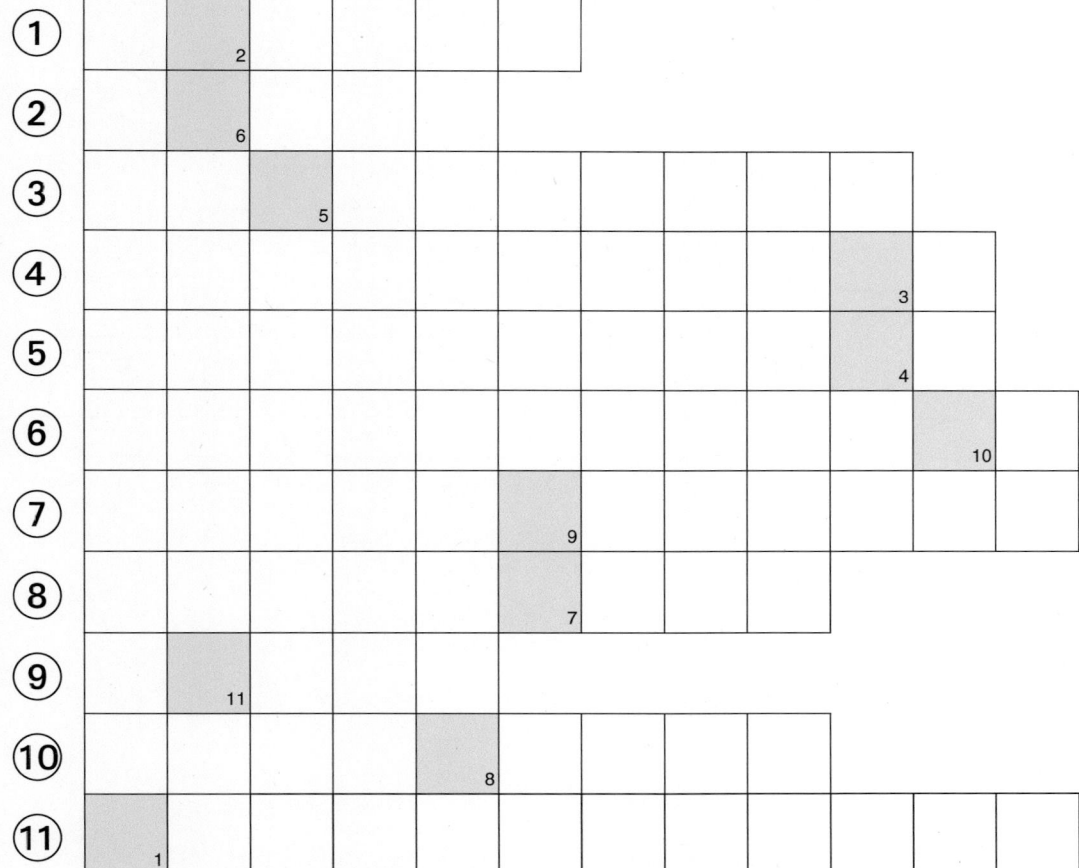

Lösung zum Weihnachtsrätsel:

①	G	E	B	U	R	T					
②	M	A	R	I	A						
③	T	A	N	N	E	N	B	A	U	M	
④	A	D	V	E	N	T	S	Z	E	I	T
⑤	B	E	S	I	N	N	L	I	C	H	E
⑥	K	R	I	P	P	E	N	S	P	I	E	L
⑦	A	D	V	E	N	T	S	K	R	A	N	Z
⑧	P	L	Ä	T	Z	C	H	E	N		
⑨	E	N	G	E	L						
⑩	B	A	L	T	H	A	S	A	R		
⑪	W	U	N	S	C	H	Z	E	T	T	E	L

Lösungswort:	W	E	I	H	N	A	C	H	T	E	N
	1	2	3	4	5	6	7	8	9	10	11